Alexanders poetische Texte

Herausgegeben von Leo Navratil

Mit Beiträgen von Otto Breicha, Roger Cardinal, André Heller, Ernst Jandl, Friederike Mayröcker, Reinhard Priessnitz, Gerhard Roth

Deutscher
Taschenbuch
Verlag

Originalausgabe
Oktober 1977
© Deutscher Taschenbuch Verlag GmbH & Co. KG,
München
Umschlaggestaltung: Celestino Piatti, Vorlage:
Alexander (1973), Federzeichnung von Oswald T.
Gesamtherstellung: C. H. Beck'sche Buchdruckerei,
Nördlingen
Printed in Germany · ISBN 3-423-01304-4

Das Buch

Alexander steht in keiner literarischen Tradition und schenkt der zeitgenössischen Literatur nur wenig Beachtung. Ein Wesensmerkmal seiner Gedichte ist deren absolute Authentizität. Alexander leidet an seelischen Störungen und lebt seit langem im psychiatrischen Krankenhaus. Dort wurde er von seinem Arzt angehalten zu schreiben. Er schrieb: »Der Arzt zieht die Nummer / dann dem Patienten eine neue Seele an. / der im neuen Geiste einer Krankheit, /immer weiterziehen soll. « Bald scheint sich seine Sprache ganz zu verselbständigen, bald ist sie direkter Ausdruck seiner Subjektivität, dann auch Reflexion und Hyperreflexion. Alexander wendet sich an uns und vernimmt auch das Echo, das seine Worte hervorrufen.

Die hier versammelten Texte sind zur Hälfte schon an verschiedenen Orten publiziert worden. Sie wurden durch unveröffentlichte Arbeiten zu dem bis heute vorliegenden Gesamtwerk ergänzt, das Alexander als einen der interessantesten lebenden österreichischen Dichter ausweist. Diese Legitimation wird ihm in dem vorliegenden Band durch die Beiträge sieben anderer namhafter Autoren erteilt.

Autor und Herausgeber

Der Autor ist unter dem Namen Alexander bekannt geworden. Herbrich war ein später von ihm selbst gewähltes zusätzliches Pseudonym. Er wünscht, daß sein richtiger Name nun genannt wird: Ernst Herbeck, geboren 1920 in Stockerau. Seit 1946 lebt er als Patient im Niederösterreichischen Landeskrankenhaus für Psychiatrie und Neurologie Klosterneuburg.

Dr. Leo Navratil, geboren 1921 in Türnitz, ist seit 1946 im Niederösterreichischen Landeskrankenhaus für Psychiatrie und Neurologie Klosterneuburg als Arzt tätig.

Inhalt

Die Gedichte
Der Morgen, Die Sprache, Das Brot, Der Friede, Das Böse, Der
Patient, Eine schöne Landschaft, Die Ausfahrt, Der ovale Spiegel, Das Zebra, Der Flieder steht im Garten, Der Löwenzahn,
Die Quelle, Das Bächlein, Das Giftgesetz, Der Tod, Die Zukunft, Die Vergangenheit, Die Gegenwart, Das Mütterliche, Wie
ein Adler, Weihnachten 1967, Weltuntergang, Blau
wurden mit freundlicher Erlaubnis des Carl Hanser Verlags,
München, aus dem Band: Leo Navratil, a + b leuchten im Klee.
Psychopathologische Texte, (Reihe Hanser 68) München 1971,
übernommen,

die Texte
10 Lebensregeln, Die 7 Todsünden, Mein Leben, Der Pampf,
Objekte und Projektile
dem Band: Weltbilder. 49 Beschreibungen. Hrsg. von Gert F.
Jonke und Leo Navratil, (Reihe Hanser 54) München 1970.

Vorwort

Alexander gehört zu jenen Menschen, die von dem Unglück betroffen wurden, viele Jahre ihres Lebens Patient in einem psychiatrischen Krankenhaus zu sein. Besondere Umstände haben bei ihm dazu geführt, daß er in dieser Zeit zum Dichter und Schriftsteller geworden ist. Alexander hat innerhalb von sechzehn Jahren etwa 700 Gedichte und kurze Prosatexte geschrieben. Seine oft sehr ungewöhnlichen Sprachgebilde sind schon bei ihrer ersten Veröffentlichung als gültige Poesie anerkannt worden. Das Eigenartige bei der Entstehung dieser Dichtung liegt nun aber darin, daß Alexander nicht spontan schreibt, sondern jedesmal zum Schreiben aufgefordert wird. Meist nannte ich ihm einen Titel, wozu er dann wunschgemäß ein Gedicht oder einen anderen kurzen Text verfaßte. Alexander bewahrt seine Schriften auch nicht selber auf, korrigiert und bewertet sie nicht (von einzelnen Ausnahmen, Ansätzen dazu abgesehen), und er hat auch selbst nicht daran gedacht, sie zu publizieren. Ich habe mich stets bemüht, jede literarische Beeinflussung Alexanders zu vermeiden und habe für die Veröffentlichung an seinen Schriften nichts geändert. Auch seine eigenwillige Zeichensetzung, die scheinbar willkürliche Groß- und Kleinschreibung, seine mehr oder weniger absichtlichen Verstöße gegen Grammatik und Orthographie wurden beibehalten. Eine möglichst authentische Äußerung und deren Wiedergabe wurde so angestrebt.

Es dürfte bis heute kein literarisches Werk von vergleichbarem Inhalt und Umfang geben, das auf ähnliche Weise zustandegekommen ist. Alexanders Mangel an Initiative ist durch seine Krankheit bedingt, die Methode des Schreibens ergab sich aus dem Verhältnis zwischen Arzt und Patienten. Anspielungen auf die Problematik dieser Beziehung finden sich immer wieder in den Texten Alexanders. Er ist über die zeitgenössische Anti-Psychiatrie, die »Etikettierungs-Theorie« und andere sozialkritische Tendenzen nicht informiert, aus rein persönlichem Erleben schrieb er:

Der Arzt zieht die Nummer dann
dem Patienten eine neue Seele an.

der im neuen Geiste einer Krankheit,
immer weiterziehen soll.

Als ich Alexander zum Schreiben veranlaßte, war es zunächst
nicht meine Absicht, ihn zu literarischer Produktion anzuregen;
es war vielmehr mein Wunsch, einen Kontakt mit ihm herzustellen, und sein Schreiben hat bis heute den Charakter eines Gesprächs zwischen uns beibehalten.

Nicht selten gab Alexander eine Ablehnung der Aufgabe und
des Aufgabenstellers zu erkennen; er schrieb: »Der Dichter will
die Lyrik nicht. umsonst der Mut und das Geschick.« Dennoch
war er stets bereit, etwas zu schreiben, und hat auf diese Weise
viel von sich mitgeteilt. Als ich ihn bat, über das Thema »Die
unnötige Sprache« zu schreiben, schrieb er: »Diese Sprache findet man in der Ärzteschaft und jeweils bei den Patienten.« Vieles,
was Alexander schreibt, ist ironisch gemeint, ob es nun heißt:
»Das Leben ist schön« oder »Wenn das Vaterland nicht wär,
wären wir arm. Das Vaterland ist gut ...« Man spürt in seinen
Texten den extrem ausgeprägten Widerstreit zwischen Wollen
und Nichtwollen der Kommunikation, zwischen der Kenntnis
der konventionellen Klischees und deren Ablehnung und Igno-
rierung.

Die Gedichte Alexanders sind in diesem Buch chronologisch
wiedergegeben, und zwar aus mehreren Gründen. Man kann bei
Alexander wie bei jedem Schriftsteller eine literarische Entwicklung feststellen. Die 1960–63 entstandenen frühen Gedichte sind
unter größter innerer Spannung und einem Übermaß an Kontrolle geschrieben. Im Jahre 1967 hatte Alexander eine sehr pro-
duktive Phase. Er schien damals seelisch aufgelockert, schrieb
mit einer gewissen Leichtigkeit, sein Stil war flüssiger, das
sprachliche Material war ihm griffbereiter geworden. Nachdem
Alexander schon länger als zehn Jahre geschrieben hatte, ohne
dabei jemals traditionelle oder moderne Lyrik zu lesen, habe ich
ihm im Jahre 1974 zum erstenmal verschiedene Gedichte anderer
Autoren vorgelegt und ihn gebeten, zum gleichen Thema eine
eigene Version zu verfassen. Es war mir klar, daß es Alexander
nicht liegen würde, irgendein poetisches Idiom ernsthaft nachzu-
ahmen. Er las das Gedicht manchmal genau durch, manchmal überflog er es bloß. In den von ihm geschriebenen Para-
phrasen nahm er, wenn überhaupt, nur oberflächlich zu der
Vorlage Bezug. Er reduzierte, parodierte, verunstaltete. Das
Pathos, den Stimmungsgehalt übernahm er nur äußerlich, in

Wirklichkeit zerstörte er die Atmosphäre und spiegelte seine eigene Welt.

Die chronologische Wiedergabe der Texte Alexanders läßt auch erkennen, daß dem Sprachzerfall bei hohen Graden psychotischer Erregung eine völlige Restitution der Sprache immer wieder folgt, sobald eine Beruhigung eingetreten ist. Und schließlich entspricht das Werk Alexanders in seiner chronologischen Abfolge dem Ablauf unseres »Gesprächs«, das zu keinem »Ergebnis« gelangt ist, aber bis jetzt auch nicht abgebrochen wurde – seit sechzehn Jahren.

In meinem Buch ›Schizophrenie und Sprache‹ wurden die ersten Gedichte Alexanders publiziert, es wurde an vielen Beispielen die innere Verwandtschaft der schizophrenen Sprachphänomene mit den Stilmitteln moderner Lyrik aufgewiesen. Weitere Texte wurden in ›a + b leuchten im Klee‹ und anderen Ortes veröffentlicht. Diese bereits publizierten Schriften wurden mit mehr als ebenso vielen noch unveröffentlichten in dem vorliegenden Band vereinigt, der somit das bisher entstandene Gesamtwerk Alexanders enthält.

Da Alexanders Sprachwelt mit seiner Krankheit und seiner langdauernden Hospitalisierung eng zusammenhängt, war es nötig, auch über sein Leben und seine Krankheit zu berichten, wenngleich viele seiner Gedichte auch ohne jeden Kommentar Geltung beanspruchen dürfen und verständlich sind.

Manche äußern die Befürchtung, die Hochschätzung der künstlerischen und literarischen Leistungen psychisch Kranker könnte das ärztliche Interesse an deren Heilung und Wiederherstellung vermindern. In Wahrheit ist es gerade umgekehrt: Verständnis und Einfühlung der Ärzte und Nicht-Ärzte nehmen dadurch zu, es entsteht ein innigerer Kontakt mit dem Patienten, und durch die Publikation wächst sogar in der Öffentlichkeit die Bereitschaft, für diese Kranken besser zu sorgen und entschiedener für sie einzutreten. Alexander wäre heute in der Lage, außerhalb der Anstalt im Familienverband oder einer anderen Wohngemeinschaft zu leben, würde sich jemand seiner annehmen und würde die zeitweise notwendige ärztliche Behandlung gesichert sein. Verwandte, bei denen er wohnen könnte, hat er jedoch nicht mehr. Eine Eingliederung in den Arbeitsprozeß – für viele ein Hauptkriterium sozialer Rehabilitation – wäre auch unter günstigeren Bedingungen früher kaum durchführbar gewesen und ist wegen seines vorgeschrittenen Lebensalters für Alexander heute nicht mehr aktuell. Vielleicht findet sich dennoch für ihn eine Möglichkeit, sein weiteres Leben in angenehmeren Verhältnissen als bisher zu verbringen.

Schon vor einigen Jahren habe ich Alexander den Plan mitgeteilt, seine Gedichte gesammelt zu veröffentlichen. Meine Frage, ob ihm das recht wäre, bejahte er, und er erwartet seither das Buch. Alexanders Angehörige und sein Pflegschaftsrichter gaben freundlicherweise die Erlaubnis zur Publikation. Damit ist auch klargestellt, daß die Texte Alexanders – wie das Werk eines Schriftstellers von Beruf – sein geistiges Eigentum sind. Ich bin sehr glücklich, daß es nun gelungen ist, dieses Werk für ihn herauszugeben.

Allen Mitarbeitern an diesem Buch möchte ich dafür danken, daß sie nicht gezögert haben, für das literarische Werk Alexanders einzutreten. Der Verleger, Herr Heinz Friedrich, hat in der gleichen Absicht unser Projekt verwirklicht. Ihm will ich im Namen des Autors Dank sagen.

Klosterneuburg, Februar 1977   Leo Navratil

Leo Navratil:
Alexanders seelische Krankheit und die Entstehung seines literarischen Werkes

Alexander ist 1920 in Stockerau, nahe bei Wien, geboren. Er besuchte die Normalschule und ein Jahr lang die Handelsschule, war stets ein fleißiger Schüler, mußte aber wegen mehrfacher Operation einer Lippen-Kiefer-Gaumenspalte die zweite Volksschulklasse wiederholen. Nach der Schulentlassung war er durch diesen angeborenen Fehler und die seelischen Komplexe, die damit verbunden waren, in der Berufsausbildung sehr behindert. Als er achtzehn Jahre alt war, erfolgte eine letzte operative Korrektur mit gutem Ergebnis. Am rechten Auge ist Alexander von Kindheit an hochgradig schwachsichtig; er kann mit diesem Auge nur Finger zählen.

Alexander interessierte sich für Sprachen, besonders für Englisch. Er war ein Einzelgänger, kaufte sich ein Boot, Fernglas und Kompaß und schwärmte für die Natur. Er lernte Mandoline spielen und war ein guter Zeichner. Für das Lesen von Gedichten hatte er keine besondere Vorliebe, und er schrieb auch keine.

Als er zwanzig Jahre alt war, kam Alexander zum erstenmal in psychiatrische Behandlung. Er war damals – während des Krieges – in einem Rüstungswerk als Hilfsarbeiter beschäftigt. Er soll wenig gegessen und geschlafen haben, in der Nacht wach gelegen sein und vor sich hin gezählt haben; er habe Lach- und Weinkrämpfe gehabt. Als er den Verdacht äußerte, daß er von einem Mädchen hypnotisiert werde, brachten ihn seine Eltern zum Arzt.

In der Klinik berichtete Alexander, daß er mit diesem Mädchen durch Morsezeichen in Verbindung stehe. Er erzeuge durch Schluckauf die Signale, und er höre auch die Stimme des Mädchens über jede Entfernung hinweg. Er fühle sich dadurch beeinflußt.

An der Psychiatrischen Universitätsklinik wurde Alexander – wie es damals üblich war – mit sechzig Insulinschocks behandelt und nach einigen Monaten entlassen. Sein Befinden hatte sich gebessert.

Im Jänner 1942 wurde Alexander neuerlich eingewiesen. Er hatte ein volles Jahr zu Hause verbracht und war als Expedient in der Privatwirtschaft tätig gewesen. Nun kam er in unser Krankenhaus. Hier erklärte er, daß er immer noch unter einer Art Hypnose stehe, die von dem erwähnten Mädchen ausgehe. Es sei wie beim richtigen Morsen – »Striche und Punkte« –, aber wie das gemacht werde, ohne Apparat, das könne er nicht beschreiben. Die Beeinflussung höre manchmal auf, beginne aber immer wieder von neuem. Es komme vor, daß er mitten im Sprechen steckenbleibe. Er höre das Mädchen reden. Sie sage ganz nette Sachen, er höre aber auch andere Stimmen, das sei wie eine Gefühlsübertragung. Er werde gezwungen, Handlungen zu begehen, die er nicht begehen wolle, so müsse er zum Beispiel sich selbst schlagen, müsse auf der Straße rechts oder links abbiegen, obwohl er lieber geradeaus gehen möchte. Das Mädchen beobachte sein Verhalten ständig und sei über alle seine Handlungen informiert.

Alexander war eher klein, körperlich schmächtig und machte einen verschlossenen, schüchternen Eindruck, schien aber völlig klar und beantwortete die meisten Fragen sinngemäß. An seinem Gesicht war nur eine kleine Hasenscharte zu bemerken. Seine Aussprache war etwas undeutlich, nasal. Das Mädchen, welches ihn beeinflusse, kenne er seit seinem achtzehnten Lebensjahr. Es sei kein intimes Verhältnis gewesen, ja nicht einmal eine nähere Bekanntschaft, und doch wisse er genau, daß dieses Mädchen in ihn verliebt gewesen sei. Die geschilderten hypnotischen Erscheinungen seien keinesfalls Symptome einer Krankheit; er fühle sich ja ganz gesund.

Alexander klagte darüber, daß ihm das Mädchen die Gedanken aussetze, so daß er plötzlich nicht mehr weiterdenken könne. Sie zwinge ihm in jeder Hinsicht ihren Willen auf, er müsse sich sogar auf ihr Geheiß ohrfeigen; manchmal lasse sie ihn nicht essen. Er müsse an die Realität dieser Beeinflussung glauben, da er bei klarem Verstand sei.

Diesmal wurde Alexander mit Cardiazolschocks behandelt. Andere therapeutische Möglichkeiten hatte man damals (1942) nicht. Nach etwa vier Monaten ging er heim und arbeitete wieder in einer Munitionsfabrik. Im Oktober 1944 wurde er zum Militär eingezogen, im März 1945 allerdings als wehrdienstuntauglich entlassen. Im September des gleichen Jahres kam er neuerlich in unser Krankenhaus. Er war gegen seinen Vater tätlich geworden, hatte sich selbst geschlagen und die Nahrungsaufnahme verweigert. Auf Befragung äußerte sich Alexander zögernd, ausweichend: »Ich bin eben noch gestört ... Es geht mir allerhand im

Kopf herum, ich weiß nicht, wen ich beschuldigen soll. Ich habe keine Augenzeugen. Ich möchte gerne wissen, was es mit der Hypnose auf sich hat. Die Leute müssen mich direkt hassen, und ich habe ihnen nichts in den Weg gelegt.« Er fühlte sich auch in der Nacht belästigt: »Sie lassen mich nicht schlafen, drücken mich immer auf den Kopf ... das ist wie Hypnose. Wenn die Hypnose einsetzt, höre ich Stimmen. Dann muß ich tun, was die Stimmen sagen. Wenn ich spazierengehe, muß ich einen Weg nehmen, den ich nicht gehen will. Beim Essen muß ich unanständig sein, entweder mit den Händen essen oder auf einmal sehr viel in den Mund stecken oder den Teller weghauen.«

Auf die Frage, warum er seinen Vater angegriffen habe, sagte er, der Vater gehe gegen ihn auch tätlich vor: »Er zersetzt mir die Nerven, er drückt mich auf den Kopf, er hypnotisiert mich auch. Er denkt so scharf, und davon bekomme ich Kopfweh ...« Alexander nannte seinen Vater einen gemeinen Hund, er schüttete die Suppe unter das Bett, verkroch sich unter der Bettdecke. Er stand dauernd unter dem Einfluß von Halluzinationen. Diesmal wurde er mit Elektroschocks behandelt. Er wurde darauf freier und ruhiger, beschäftigte sich wieder ein wenig und wurde Ende Dezember 1945 in häusliche Pflege entlassen.

Schon im Mai 1946 erfolgte jedoch die vierte Einweisung, welche die dauernde Internierung Alexanders zur Folge hatte. Er befand sich damals in seinem sechsundzwanzigsten Lebensjahr und war schon länger als fünf Jahre krank. Vor dieser letzten Aufnahme hatte er sich nachts in Wien herumgetrieben, hatte sich nicht ausweisen können und war von der Polizei festgenommen worden. In der Haft entstanden Zweifel an seiner Zurechnungsfähigkeit. Wegen des Verdachtes auf Geisteskrankheit kam er an die Psychiatrische Universitätsklinik und von dort in unser Krankenhaus.

Alexander sagte, er sei in den Händen von Leuten, die ihn ausnützen wollen: »Sie wollen mich ausstellen, sie wollen mich in einen Glaskasten stellen.« Er spüre das in den Augen. Er sagte: »Ich werde ferngelenkt. Ich weiß nicht, von wem das ausgeht.« Auf die Frage, warum er sich in der Nacht umhergetrieben habe, meinte er: »Ich wollte einfach laufen, die Bewegung stärkt den Geist. Bei Tag ist das viel schwieriger. Auch die anderen Menschen sind mit ihren Nerven schlecht beisammen und gehen mir deshalb aus dem Weg.«

In letzter Zeit fühle er sich weniger von Frauen und mehr von Männern beeinflußt: »Sie wollen mich sehen, sie wollen durch mich durchsehen, weil ich keinen Widerstand habe.« Einige Tage später sagte Alexander, er fühle sich als Fremdkörper in der Gesellschaft und spüre die von dort ausgehende Beeinflussung fast dauernd. Er vermute auch, daß sich in seinem Körper zuviel Elektrizität befinde. Es komme manchmal vor, daß seine Gedanken ganz klein würden. Wie ein fernes Sprechen höre er diese Männerstimmen. Man behandle ihn wie ein Versuchskaninchen. »Fühlen Sie sich körperlich verändert?« »Es ist mehr in den Augen. Es ist, wie wenn ein feines Netz vor den Augen wäre.« Etwas später meinte er: »Ich bin nichts mehr wert, ich kann mich nicht einordnen.«

Ein anderesmal äußerte er die Vermutung, daß er gewissermaßen ein zweiter Herrgott sei, denn der Herrgott selbst sei auch schon gestorben. Äußerlich unmotiviert wurde er plötzlich erregt, warf Teller und Geschirr zu Boden und fuhr mit dem Kopf gegen die Wand. Wenn er ins Freie kam, lief er wiederholt davon. Man hielt ihn deswegen auf der Abteilung zurück. Alexander trommelte mit den Füßen gegen die Türen und schlug Fenster ein. Nach einigen Monaten hatte er sich etwas beruhigt, sonderte sich jedoch von den anderen Kranken ab und hielt sich auch der ärztlichen Visite fern. Auf- und abgehend schimpfte er leise vor sich hin. Er wurde dauernd von Gehörshalluzinationen geplagt. Anderen Kranken gegenüber war er reizbar und versetzte ihnen im Zorn Schläge.

Auch in den folgenden Jahren war das Verhalten Alexanders so, daß eine Entlassung weder von seinen Angehörigen gewünscht wurde, noch von den Ärzten empfohlen werden konnte. Bei Alexander bestanden schwere psychotische Störungen. Durch die verschiedenen Schockbehandlungen, denen er unterzogen worden war, hatte sich sein Befinden immer nur vorübergehend gebessert, eine völlige Genesung war nicht eingetreten. Wirksame antipsychotische Medikamente wurden erst in den fünfziger Jahren gefunden. Je länger aber die Hospitalisierung eines schizophrenen Menschen dauert, um so schwieriger wird dessen Wiedereingliederung in Familie und Gesellschaft. Es gibt dann keine Wohnmöglichkeit mehr für ihn, keine Möglichkeit der Beschäftigung, die Bereitschaft der Angehörigen zum Zusammenleben mit dem Kranken schwindet.

Im Sommer 1954 versuchte ich, Alexander aus seiner Zurückgezogenheit zu holen und ihn zu verschiedenen Tätigkeiten zu ermuntern. Ich forderte ihn auf, etwas zu zeichnen, bat ihn, einen Lebenslauf zu schreiben, und veranlaßte ihn, mir schriftlich mit-

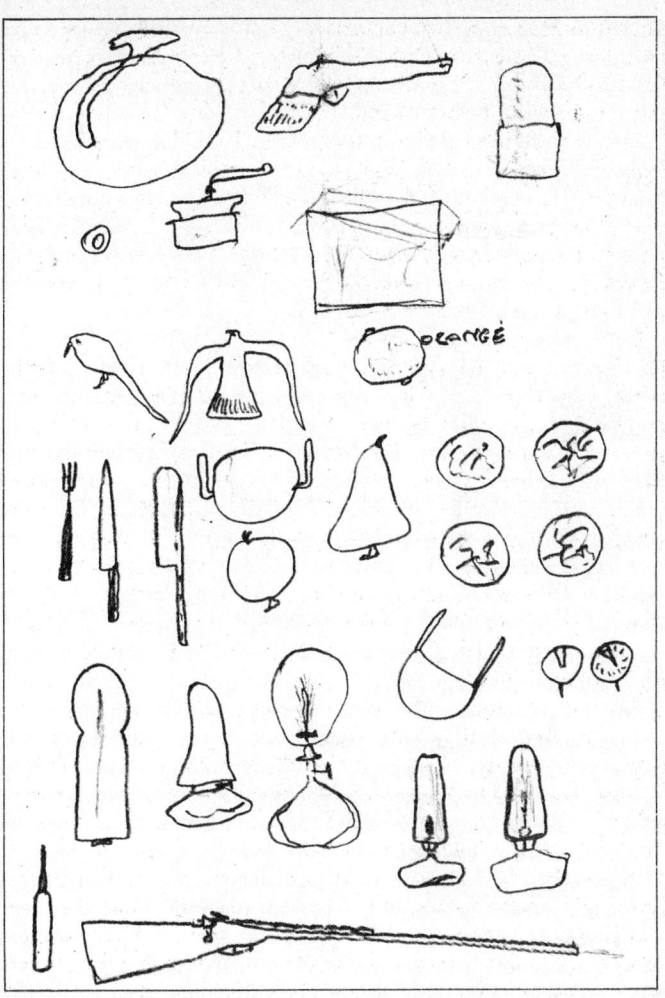

Abb. 1. Alexander: Zeichnung (1954).
  Bleistift, 30 mal 21 cm.

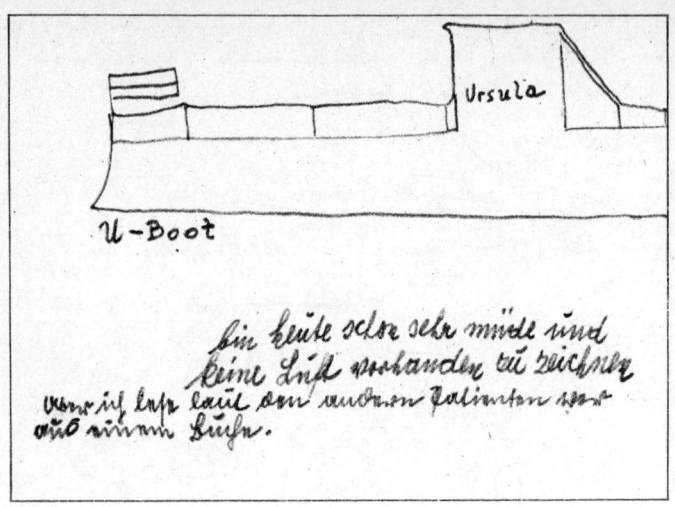

Abb. 2. Alexander: Zeichnung und Schrift (1954).
Bleistift, 15 mal 21 cm.

zuteilen, was sich tagsüber ereignet hatte. Er erwähnte seinen
Sprachfehler, und ich redete ihm zu, sich trotz dieser Schwierigkeit von den anderen Patienten nicht so sehr abzusondern.

Die Zeichnungen, die Alexander hierauf anfertigte, zeigen einzelne Objekte, oft in mehrfacher Wiederholung aneinanderge-
reiht (Abb. 1). Abstraktion und Geometrisierung fallen auf und
eine gewisse Ironie, wenn Alexander zum Beispiel das schema-
tisch gezeichnete U-Boot »Ursula« nennt (Abb. 2).

Wie wenig Alexander gewillt und imstande war, auf meine
Vorschläge einzugehen, machen auch die folgenden von ihm
verfaßten Texte deutlich. Er tat nur so, als würde er meinen
Wünschen entgegenkommen, in Wahrheit vermochte er seine
Haltung nicht zu ändern. Immerhin waren diese zeichnerischen
und schriftlichen Produkte ein Kommunikationsversuch, auch
von seiner Seite her.

Pt. Gugging, 8. 8. 1954
Alexander

Bin geboren am 3. Mai 1928
In der Schule habe ich gelernt lesen und schreiben
4 Jahre Volksschule
dann lernte ich daß Tischlergewerbe mein Lehrbrief liegt bei
meinen Sachen in der Anstalt
Meine Lieblingsbeschäftigung Tischlerei, malen, zeichnen, hausarbeiten
wenn ich jemanden hätte der mir gut ist und mir auch hilft daß ich
gesunde so möchte
ich gerne in einer meiner Lieblingsbeschäftigungen arbeiten. Sodaß ich mein tägliches Brot selbst verdiene
Seit ich in der Anstalt Gugging binn war ich auf Abteilung VI
und jetzt auf V. mit hausarbeiten beschäftigt.

Hochachtungsvoll
Alexander

Dieser Lebenslauf enthält mehrere unrichtige Angaben. Das Geburtsdatum ist falsch, Alexander hat niemals das Tischlerhandwerk erlernt, und die Aufzählung von »Lieblingsbeschäftigungen« ist zumindest stark übertrieben.

Im folgenden Brief und den weiteren Berichten nimmt Alexander Bezug auf unsere Gespräche, gibt dabei jedoch zu erkennen, daß er die ihm gestellten Aufgaben nicht ernst nehmen kann. Wenngleich diese Unfähigkeit durch seinen psychotisch veränderten Zustand mitbedingt ist, ist seine Reaktionsweise doch einfühlbar und verständlich.

Abt. 5. Gugging, 8. 8. 54

Geehrter Herr Oberarzt

Bemühe mich mit Pfleger und
Patienten in Fühlung zu kommen
daß sich meine Sprechhindernisse
und meine Seelischen Hämmnissen
lockern. Mit Meinen Aufenthalt
auf Abt. 5 bin ich sehr zufrieden.

Was Verpflegung anlangt habe
ich gut und reichlich. Schlafe sehr
gut. Es sind bloß einige Mit-
Patienten die auf mein Leiden
keinen Rücksicht nehmen.

    Aber meine Hoffnung ist es
daß, sich mein Sprechen und
meine seelische Zurückhaltung
geben wird, daß sich den bösen
Nörglern an meinen Sprach-
fehlern beweisen kann, daß ich
selbst mitgeholfen habe zu meiner
Gesundung

    Füer Ihre Mithilfe Herr Ober-
Arzt Dankhe ich herzlich und bitte
Sie weiter um ärztliche Hilfe

                In innerster Dankbar-
                keit einer Ihrer ärmsten
                Patienten
                      Alexander

Heute ist ein schöner heißer Sommertag
Die hoch Sommer Hitze ist fast nicht zu er-
tragen Das Thermometer zeigt 38 Grad Celsius
Ein kühles Bath wäre jetzt daß Aller-
beste. Meine Mit-Patienten vertreiben
sich die Zeit mit Kartenspielen

(11. 8. 54)

Ich Alexander,
Zur Zeit in der Heil & Pflegeanstalt
Gugging. Ich beschäftige mich Heuthe unter
Aufsicht eines Pflegers mit kleinen Re-
chenaufgaben
multiplizieren, dividieren kann ich
gut, jedoch wurzelziehen muß ich erst
wieder lernen

(11. 8. 54)

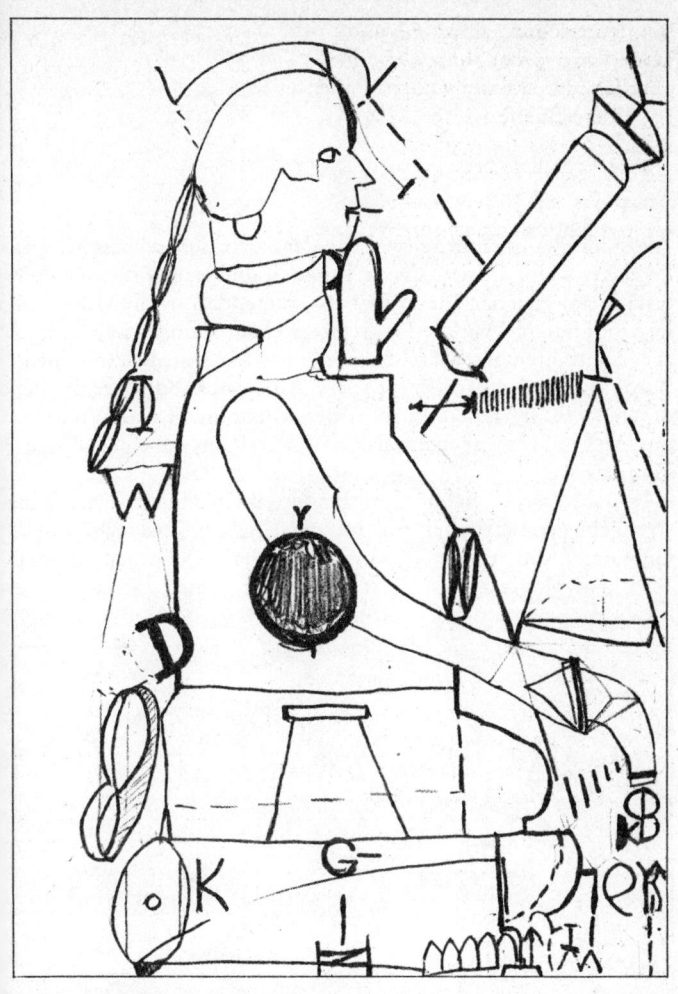

Abb. 3. Alexander: Frau (1958).
  Bleistift, 15 mal 10,5 cm.

bin heute schon sehr müde und
keine Lust vorhanden zu zeichnen
aber ich lese laut den andern Patienten vor
aus einem Buche.

(1954)

Alexander wurde nun zeitweise in der Säckekleberei beschäftigt.
Er zeigte wenig Lust zu dieser Tätigkeit und stand oft lange Zeit
untätig am gleichen Platz. Er behauptete, daß er mit Mussolini
korrespondiere. Auf die Frage, ob er einen Wunsch habe, sagte
er: »Bootfahren und Märchenbücher von der Seerose lesen.« Sein
Beruf sei Bundessprecher, er spreche die vaterländische Sprache
und halte Führerreden. Er sei Hitler, Mussolini, Kaiser Wilhelm,
nur Alexander sei er nicht, das sei ein anderer, ein eigenwilliger
Gymnasiast.

Im Jahre 1958 zeichnete Alexander eine weibliche Gestalt in
strengem geometrischen Stil mit rätselhaften Buchstaben und
Gebilden (Abb. 3). Unter seinen sonstigen Zeichnungen findet
sich kein vergleichbares Blatt. Ein Jahr später entstand eine

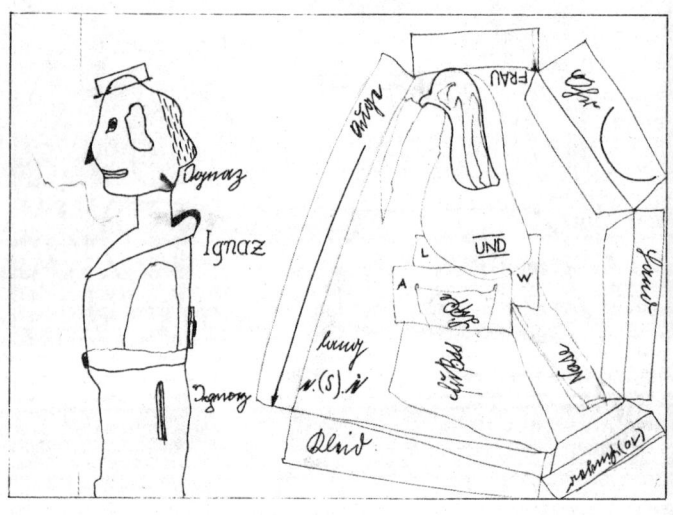

Abb. 4. Alexander: Mann und Frau (1959).
Kugelschreiber, 21 mal 18 cm.

andere Zeichnung, ebenfalls einzigartig in der graphischen Produktion Alexanders, und zwar bei der Aufgabe, einen Mann und eine Frau darzustellen (Abb. 4). Bei der Wiedergabe der weiblichen Figur (rechte Seite der Zeichnung) ist das Figurale nun völlig verschwunden, das wiedergegebene Schema gleicht einem Ausschneidebogen, dessen einzelne Teile bloß die Aufschriften der »Bestandteile« tragen, woraus ein Mensch »zusammengesetzt« ist: das Gefühl einer Fragmentierung des Ichs und der Artifizialität seiner Integration deutet sich darin an.

Alexander vernachlässigte sich in Kleidung und Körperpflege, er sammelte unbrauchbare Gegenstände und stopfte seine Taschen damit voll. Auf Wunsch schrieb er den folgenden »Brief« an einen »Freund« auf die vier Seiten zweier kleiner Zettel. Seine Sprache schien nun gänzlich zerfallen.

»Lieber Dart!
Es geht mir gut.
möchte wieder laufen
aber im Barth. Bach,
komme bald heim. Ich
habe keine Heimweh ein
bißßchen Zahn. LieberA.
half ich beim ballspiel
wieder nicht? ab. Dorf.
hole beine ab. bei Dir. Es
ist keine Zeitung da!
Zeit habe ich auch keine
dafür kann ich nichts.
Ball au. Platz 1 frei. B.
                    6 P.

Es mag sein aber nie
abes macht sich! Dein Polti
geht nicht her. Das Herz
geht eher aber die Rad-
siehte gesehen geht auch
da sie in 30 cm abseits
zieht, Baum Gruppe an.
der Straße da ich nichts
sehr bestimmt. Der Bub
hat mehr vom Leben da
seine Mädel nicht hören.

Augenblick Liebt Es er
und weg geht durch den
Bkock gerade aus zu der
Dir. Eh'es magy ich lesen
seim. da di chere not .. –

Gurke möreder mich nie
mict de Gewehr da sie
gelt sind. geladen lob
auch imém. loben St.
mache. in deine Miart.
eher 5 Minuten zu bar.
Bad rauche nicht. Da
keime Ort. Auch keime
Bohmen«. Da Deutscher
Tagje Örfall im mopped.
Parppe. inder Art frech
ist. send ich nicht keine
Panne habe. Sie holt. – W.
mit Tags sehr darauf.
da sie nicht will. Auch war
ich eher schön E. – Ende
                    uEer Alexander

gelt gabe es keines Besatz
Spatzgelt. A. Aber gilt.
Bad. da webt der wind.
schilling. Österreich alles in
Ordnung ist. dort auf
hier nicht da. Echter neu
ich neid kann es sein.
möcht nacher ham. dor
traf ich in. Dorf aufwärts
fahren CBB Bahn die hier
ist. Über grat Michael
St. Wolfgang und Attersee
Bald aufgehen die Sonne.
und dein Bart ist ab. Auch
die gefan – gernegroß.gen.
Schaft Dieb. ist bald zu
        Ende.? Dein Alexander

(15. 5. 60)

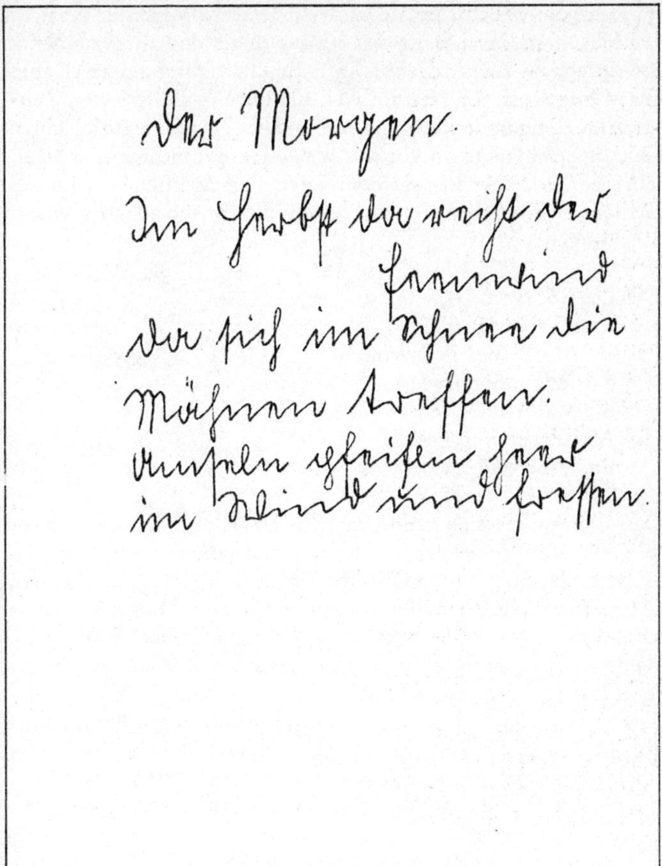

Abb. 5. Alexanders erstes Gedicht (1960).
Kugelschreiber, 15 mal 10,5 cm.

Im Herbst 1960 wurde Alexander in eine Kolonie der Anstalt, den Haschhof, verlegt. Er war etwas ruhiger und ausgeglichener geworden, zu einer regelmäßigen Beschäftigung zeigte er aber nur wenig Lust. Er rauchte viel, blätterte in illustrierten Zeitschriften, ging in den Räumen auf und ab. Damals legte ich einen kleinen Zeichenkarton vor ihn hin, reichte ihm meinen Kugelschreiber und bat ihn, zu dem Titel ›Der Morgen‹ ein kurzes Gedicht zu schreiben. Ich saß neben ihm. Er schrieb mit Unterbrechungen:

> Der Morgen
> Im Herbst da reiht
>   der Feenwind
> da sich im Schnee
> die Mähnen treffen.
> Amseln pfeifen heer
> im Wind und fressen.

Das alles spielte sich kommentarlos ab. Alexander war damals sehr gehemmt, man mußte oft lange auf eine Antwort warten. Diesem Zustand entspricht die genaue, kontrollierte Schrift (Abb. 5, 6) und die äußerst knappe Sprache. Nun ließ ich bei jeder Visite Alexander einige solcher kurzen Gedichte schreiben. Wenn er längere Zeit stockte, forderte ich ihn auf, weiterzuschreiben; er befolgte stets – etwas automatenhaft – diese Aufforderung. Ich legte immer die gleichen postkartengroßen Kartons vor ihn hin und borgte ihm meinen Kugelschreiber.

Alexander gab keine Erklärung zu seinen Texten. Manchmal fragte ich ihn, wie ein Wort zu lesen sei oder was es bedeute. Dann stellte er mich mit seiner Antwort vor neue Rätsel. Manchmal bat ich ihn, selber einen Titel zu wählen, Alexander bildete dann seltsame Überschriften, wie ›Der Mannmensch‹ (Abb. 6, S. 25, 52) oder ›du Freudenheld‹ (S. 52).

Ich hatte vom Beginn unserer Bekanntschaft an zu Alexander eine gute Beziehung, obgleich er auch mit mir nur wenig redete. Nun konnte ich seinen schriftlichen Äußerungen – die ich bewunderte – immer wieder Neues entnehmen. Alexander ist meiner Bitte, etwas zu schreiben, immer nachgekommen. Die Ambivalenz, die in seinen Schriften zum Ausdruck kommt, das Wollen und Nichtwollen der Kommunikation, ist bei ihm extrem ausgeprägt. Sie ist nicht nur Folge der unfreiwilligen Hospitalisierung, sondern auch durch die Psychose bedingt. Das Bemü-

Abb. 6 und 7. Alexander und sein Gedicht Der Mannmensch.
Kugelschreiber, 10,5 mal 15 cm.

hen um ein Verständnis der Texte Alexanders unter den Voraussetzungen unseres Alltagsbewußtseins ist deshalb unzureichend. Alexanders Poesie ist zustandsgebunden: die Eigenart seines Stils ist nicht von einer literarischen Strömung, nicht von kultur- und zeitbedingten Umständen abhängig, sondern auf seinen durch die Psychose veränderten Bewußtseinszustand zurückzuführen.

Im Jahre 1966 sind im Rahmen meiner Untersuchung ›Schizophrenie und Sprache. Zur Psychologie der Dichtung‹ zum erstenmal 83 kurze Gedichte Alexanders publiziert worden. Auf den möglichen literarischen Eigenwert mancher dieser Sprachschöpfungen wurde dabei bereits hingewiesen. Das Echo auf diese Publikation machte klar, daß Alexander tatsächlich ein Dichter ist. Die folgenden Veröffentlichungen einzelner seiner Gedichte und das zunehmende allgemeine Interesse für Alexander festigten diese Annahme. Ich fühlte mich dadurch veranlaßt, ihn immer wieder zum Schreiben anzuregen und für sein literarisches Werk einzutreten. Aber auch die menschliche und therapeutische Beziehung, die wir durch das Schreiben gewonnen hatten, sollte weiter gepflegt werden und erhalten bleiben.

Im Jahre 1963 schrieb Alexander auf Wunsch die beiden folgenden Texte. Die schwere Sprachstörung, die der vorhin zitierte Brief (»Lieber Dart!«) aufweist, ist nun wieder völlig geschwunden.

Der Ablauf des gestrigen Tages
Ein Erlebnisbericht.

Ich stand in der Früh auf – um sechs Uhr
kam die Dienstübernahme. Dann gingen
wir zu Tisch. Der Herr Oberpfleger teilte
die Pulver für die Patienten aus.
Ich bekam – ein Decentan und ein
Discipal*. Als ich aufstand, ging ich mich
waschen. Das wasser war kalt. Um halb-
sieben kam der Kaffee; dazu bekamen
wir je ein Stück Brot. Dann bin ich nicht
zur Arbeit gegangen, weil ich gewartet habe –
bis der Herr Primar kommt. Und er kam

---

* Richtig: »Disipal«; es handelt sich um ein Wortspiel. Vielleicht wollte Alexander damit den Verdacht äußern, daß dieses Medikament der »Disziplinierung« diene.

aber nicht. Dann ging ich am Gang –
spazieren. Um zwölf Uhr kam das Mittagessen. Es gab Krautfleckerl und Rindsuppe.
Vor halb sieben holte ich mir 10 Austria
Zigaretten. Um ein Uhr gingen wir zur Arbeit.
Wir hatten Kartoffel ausgeklaubt. Bis
fünf Uhr. Dann gingen wir Nachhause. –
Die Kartoffel hatten wir in Säcke eingefüllt
und abgewogen. Dann rauchte ich ein
paar Zigaretten. Um fünf kam
das Nachtmahl, es gab Bohnensuppe
mit Nudeln darin. Um sechs Uhr gingen wir
schlafen. Dann kam die Dienstübernahme
und der Nachtdienst. (7^h)

(15. 11. 63)

Der Herbst.

Der Herbst ist ein Odem des Jahres.
Er wird eingeleitet von der Ab-
löse des Sommers. Er beginnt
am 23. September bei Vollmond –
und Regen, wie es heuer war.
   Es fallen die Blätter von
den Bäumen und Sträuchern;
Der Wald verfärbt sein
Kleid, wird gelb, braun, und
hellgelb und gold. Die Jagden
beginnen. Der Jäger geht zur Jagd.
Die Jäger bilden Kreisjagden und
schiessen die Hasen ab. Auch der
Hase hat ein dichteres Fell bekommen. Ebenso die Rebhühner,
Fasane und Rehe. Die Bauern
pflügen ihre Felder bei dichtem
Nebel wieder für den Frühling.
Dann fällt der Schnee und be-
deckt die abgekühlte Erde. Das
war der Herbst.

(1963)

Abb. 8. Oswald T., Alexander (1975).
Federzeichnung, 15 mal 10,5 cm.

Im Vergleich zu den ersten Krankheitsjahren hatte sich Alexanders Zustand sehr gebessert. Die Fehlbildung im Gesicht quälte ihn aber immer noch. Im Frühjahr 1965 überreichte er mir den folgenden spontan geschriebenen Brief.

Sehr geehrter Herr Doktor und Professor.
Ich, Ihr ergebener (Alexander) möchte, daß ich endgültig operiert werde. Holen Sie mich, durch drei Ihrer Beamten ab. Ich wohne am Haschhof (Abteilung 12). Kierling-Gugging

(6. 5. 65)

Tags darauf schlug er sich heftig ins Gesicht und behauptete dann, sein Bruder habe ihn geschlagen; er war gedrückt, verstört.

Im Jahre 1966 war Alexander in der Anstaltsbäckerei als Einzelarbeiter beschäftigt. Man war mit seiner Leistung zufrieden. Im darauf folgenden Jahr – Alexander war immer noch fleißig tätig – hat er nach Themenangabe zahlreiche Gedichte geschrieben. Sein Stil war flüssiger geworden. Das Schreiben fiel ihm leichter als in den ersten Jahren. Er war aber auch seelisch freier, weniger gespannt, zugänglicher. Alexander durfte im weiten Anstaltsbereich spazieren gehen, er nahm abends am Fernsehen teil, die psychotischen Erlebnisse traten zeitweise ganz zurück. Dennoch gab er oft sehr komische Antworten. So sagte er auf die Frage, ob er friere: »Ja, aber auf den Schenkeln ist mir warm, am Rücken und im linken Arm friere ich.« Er ging mit dem ebenfalls sehr schweigsamen Patienten Oswald T. spazieren. Gefragt, ob sie sich ein wenig unterhalten hätten, meinte er: »Einer, der weniger redet, wär' mir lieber.« Dann wieder erklärte er bei der Visite, der Pfleger F. sei in seinem Körper, oder, eine große Ratte sei in seinem Bauch. Er kam nachts zum Pfleger und sagte, er habe Angst, die Sekretärin sei in ihm und wolle ihn umbringen; sie hasse ihn; er schlug sich mehrmals ins Gesicht und meinte, ein anderer habe seine Hand gelenkt.

Ende 1968 ging Alexander mit den Patienten Oswald T. und Johann Hauser spazieren. Alle drei wurden spät abends in einem Nachbarort von der Gendarmerie aufgegriffen und zurückgebracht. Alexander gab an, sie hätten gleich nach dem Mittagessen die Abteilung verlassen, wären aber nicht im Anstaltsbereich geblieben, sondern seien in den Wald gegangen. Sie seien in

Richtung Hadersfeld marschiert, von dort auf der Straße nach Langenlebarn. Er wisse nicht, warum er mitgegangen sei, Johann Hauser habe sie angeführt. In Langenlebarn seien sie schon sehr müde gewesen, seien in ein Gasthaus gegangen und hätten eine Limonade bestellt. Da sie aber nicht zahlen konnten, habe der Wirt die Gendarmerie verständigt.

Dann war Alexander wieder traurig, meinte, er habe einen Feind in seiner Brust. Der Feind sei der Patient Sch. Er esse und saufe ihm alles weg, so daß für ihn nichts übrig bleibe. Alexander sagte, er fühle sich sehr krank und werde erst gesund sein, wenn Sch. aus seiner Brust heraus sei. Später sagte Alexander, er sei nun schon 23 Jahre in diesem Krankenhaus und wolle von hier weg; wohin, das wisse er selber nicht. Er meinte, die Patienten würden ihn verhöhnen, ihn beschimpfen und einen »schiachen Hund« nennen.

Seit dem Jahre 1970 hält sich Alexander meist in der Bastelstube auf. Er geht gerne spazieren, raucht gerne, trinkt gerne Kaffee. An irgendeiner Form der Arbeits- oder Beschäftigungstherapie nimmt er nicht mehr teil. Trotz dauernder medikamentöser Behandlung hat sich sein wechselvolles Befinden bis heute nicht geändert. Die ruhigen Zeiten sind allerdings mehr im Vordergrund. Alexander ist dann höflich, freundlich, einer Kontaktaufnahme nicht abgeneigt. Ich habe ihn all die Jahre hindurch – mit Unterbrechungen – immer wieder zu mir gebeten und zum Schreiben aufgefordert. So haben wir einander sehr gut kennengelernt. Alexander leidet unter der Monotonie des Anstaltslebens. Er freut sich und ist stolz, wenn seine Bedeutung als Dichter und Schriftsteller hervorgehoben wird – was er jedoch sehnlichst wünscht, ist seine endgültige Genesung und seine Freiheit. Weil sich dieser große Wunsch bisher nicht erfüllt hat, ist er immer wieder unglücklich und deprimiert.

In dem folgenden Gespräch, das ich zu Beginn des heurigen Jahres mit Alexander geführt habe, spiegelt sich seine derzeitige seelische Verfassung, die nach langen Krankheitsjahren nicht gerade zuversichtlich, aber auch nicht allzu pessimistisch und humorlos ist.

N: Wie geht es Ihnen?

A: Danke, gut!

N: Können Sie mir ein Erlebnis aus Ihrer Kindheit erzählen?

A: Was ist das, ein Erlebnis?

N: Irgendein Abenteuer, etwas Interessantes.

A: Ich war einmal im Wald, in der Donau-Au, da habe ich eine Höhle gesehen, da ist ein Fuchs herausgekommen, das war ein schönes Erlebnis.

N: Wenn ich mich recht erinnere, sind Sie kein Freund der Jagd?

A: Schon!

N: Waren Sie ein Jäger?

A: Ja, ich war ein Jäger.

N: Ich dachte immer, Sie seien ein Gegner der Jagd.

A: Nein, keineswegs!

N: Tun Ihnen die Hasen nicht leid, wenn sie abgeschossen werden?

A: O ja! Die Hasen sind schon arm! Das muß ein Jäger verstehen, daß es einem Hasen nicht gerade recht ist, ihn abschießen. Die Jäger sind meistens blöd, schießen auf einen Hasen wie nichts!

N: Eben! Der Hase freut sich auch seines Lebens. Haben Ihnen die Hasen nicht leid getan, als Sie selbst Jäger waren?

A: Ich habe ja noch keinen Hasen geschossen.

N: Was haben Sie denn geschossen?

A: Einen Fasan!

N: Können Sie mir noch etwas aus Ihrer Kindheit erzählen?

A: Ich bin sehr gern mit dem Boot gefahren. Man sollte halt ewig beim Boot bleiben können. Man sollte ein Zelt haben, damit man in der Nacht dort schlafen kann und in der Früh' gleich weiterfahren kann.

N: Was ist Ihre Lieblingsbeschäftigung?

A: Sportbetreiben, Schilaufen, Bootfahren, Fußballspielen, Tischtennis und richtiges Tennis.

N: Sie können aber sehr viel!

A: Ja!

N: Was können Sie noch?

A: Zum Beispiel ein Schwein abstechen kann ich auch.

N: Wo haben Sie das gemacht?
A: Bei meinem Onkel.
N: Wie oft haben Sie Schweine abgestochen?
A: Einmal.
N: So etwas bringen Sie zusammen?
A: Warum nicht? Man muß ein Mitgefühl haben! Man muß schauen, daß das Schwein schön ruhig bleibt, muß ihm in die Augen sehen!
N: Warum muß man dem Schwein in die Augen sehen?
A: Einen Augenblick nur.
N: Ja, aber wenn Sie zuviel Mitgefühl haben, dann werden Sie das Schwein nicht abstechen können!
A: Aber gehen Sie, man muß natürlich hart sein, das ist klar!
N: Und Sie haben diese Härte gehabt? Also ich könnte ein Schwein nicht abstechen!
A: Noch nicht könnten Sie es!
N: Noch nicht? Sie meinen, ich könnte es noch lernen?
A: Ja, das könnten Sie noch.
N: Ich glaube, mir würde das Tier leid tun!
A: Ach was! A Sau is a Sau! A Schweindl is a Schweindl!
N: Und warum schauen Sie dem Schweindl in die Augen?
A: Nun, damit es nicht so ängstlich ist!
N: Aha, zur Beruhigung!
A: Aber es war ja gleich tot, das Schwein. Wenn man abgestochen hat, muß man sich mit den anderen Schweinen wieder anfreunden.
N: Warum?
A: Damit sie wieder fressen.
N: Was ist denn Ihre liebste Beschäftigung?
A: Ordnung machen, Geld verdienen.
N: Und was machen Sie am wenigsten gern?
A: Mit den Mädeln herumgehen.
N: Ja, warum das?
A: Wenn man operiert ist, ist man schiach!
N: Sie erwähnen Ihre schriftstellerische Tätigkeit gar nicht! Wo haben Sie denn das Schreiben gelernt?
A: Ja, das war ein Zufall.
N: Was war ein Zufall?
A: Daß ich verleitet worden bin zum Dichten.
N: Durch wen?
A: Das weiß ich nicht mehr.
N: Wo war denn das?

A: In Stockerau!
N: Und schreiben Sie jetzt gerne?
A: Nein. Aber jeder hat eine andere Auslegung des Deutschen. Jeder spricht anders. Manche Leute sprechen so hart. Eine leise Sprache ist mir lieber.
N: Und meine Sprache, wie behagt Ihnen die?
A: Sie kommen gerade noch mit.
N: Sie haben ein gutes Sprachgefühl!
A: Ja, ich kann viele Sprachen.
N: Welche?
A: Russisch, Französisch, Englisch, Deutsch.
N: Was haben Sie am liebsten gelesen?
A: Ich habe nicht viel gelesen, *ein* Buch vielleicht.
N: Haben Sie in der Schule gern deutsche Aufsätze geschrieben?
A: Ja.
N: Was konnten Sie besser, Deutsch oder Rechnen?
A: Ja, die Deutschaufsätze waren besser, aber Rechnen habe ich auch können.
N: Wie alt sind Sie jetzt?
A: Ich war 55.
N: Haben Sie Ihrer Meinung nach den Großteil Ihres Lebens schon hinter sich oder noch vor sich?
A: Vor mir noch.
N: Wie alt wollen Sie werden?
A: Alt will ich nicht werden. Wenn man alt wird, wird man ja gebrechlich.
N: Wie alt wollen Sie dann werden?
A: 65.
N: Was erhoffen Sie sich noch vom Leben?
A: Daß ich wieder einmal heimkomme.
N: Was wollen Sie zu Hause machen?
A: Arbeiten, natürlich!
N: Und wo würden Sie wohnen?
A: Ich weiß nicht, wie die Straße heißt.
N: Ich meine, bei wem?
A: Ich weiß nicht. Es ist ein Jammer!
N: Welchen Sinn hat das Leben?
A: Daß man die Pflichterfüllung hat und Ordnungssinn!
N: Und ist das alles? Hat man dann einen Genuß vom Leben?
A: Einen Genuß gibt es nicht! Es gibt Genußmittel, aber keinen Genuß!
N: Leben Sie gern?

A: Ja!

N: Was macht Ihnen Spaß? Was freut Sie?

A: Rauchen, zum Beispiel!

N: Und was machen Sie noch gern?

A: Auf den Sommer warten!

N: Was wird sein im Sommer?

A: Wir erhoffen uns eine große Hitze.

N: Wissen Sie einen Witz?

A: Ja, früher habe ich schon Witze gewußt. Man sollte welche wissen, damit man sich etwas ...

N: Unterhält!

A: Unterhält, ja! Auch ein Witzbüchel wäre nicht schlecht.

N: Fühlen Sie sich eigentlich noch krank?

A: Nein! Vielleicht wieder so gesund wie im 38er Jahr.

N: Ja, Sie sind gut beisammen! Auch elegant angezogen!

A: Darauf habe ich immer etwas gehalten.

N: Und die Stimmung ist auch gut?

A: Ja, auch!

N: Wenn Sie sich drei Dinge wünschen könnten, was würden Sie wünschen?

A: Viel Geld!

N: Und zweitens?

A: Ein Auto!

N: Und an dritter Stelle?

A: Schlittschuhe!

Alexanders poetische Texte

Es schien zweckmäßig, die 83 kurzen Gedichte, die 1966 in dem Band ›Schizophrenie und Sprache‹ erstmals publiziert worden sind, an den Anfang zu stellen und auch die Numerierung beizubehalten. Damals wurde nämlich eine eingehende stilistische Analyse dieser Gedichte gegeben, auf die hier verwiesen wird. Alle diese nur zum geringen Teil datierten Gedichte sind zwischen 1960 und 1965 entstanden.

Es folgen die weiteren bis 1976 entstandenen Texte in chronologischer Reihenfolge; erst ganz am Schluß (ab S. 156) finden sich wieder einige Texte, die zufällig undatiert geblieben sind.

(1) Der Traum

Der Traum ist ein Papier
der Traum ist zur Nacht
da kam der Pförtner
der die Tore aufmacht.

der Traum ist klares Licht
der *Tod* ist die Frau
der Der Tag ist der Traum
und der Baum ist der Traum

(2) Der Morgen

Im Herbst da reiht der
                  Feenwind
da sich im Schnee die
Mähnen treffen.
Amseln pfeifen heer
im Wind und fressen.

(3) Frühling

Der Herr Fäller war im Wahld
und sie der Bauer war im Wald
da sah er wie im Wagen rollte
wo das Herz im Herzen Holz schlug.
tik targ wo auch ein Knorr zu
                  hören war
und hielt sie ganz wunderbar
                  ihm Frühling.
über's ganze Jahr.

(4) Sommer

Dir Zur Tür zur herein und fein
war der Sonne helle schein.
war der Somset-Sonnenwende
»Stahl.«

die weinrote Schimmer der Wiener
wälle und auch dir Blätter helle
Baum. war nur einer, der hieß rot.

(5) Herbst

Als einsamer Melder im Walde
war ein Kuckuck ruft.
der Wind saust die Äste und
siehe da, der Herbst war da.
scherz ein großer Hahnengruß
ein Hase war ein lieber Kuß.
der Alte ließ die Wimpern fallen
wo auch im Herbst die Blätter sallen.

(6) Die Wintertage

Hell lesen wir am Nebelhimmel
wie dick die Wintertage. Sind.
Offenkunde Volk und Mädel
d'sich kundig selbst hier tummeln.
der Schnee und das Eis am Bache war.
rundig und das Wasser rauscht.
und das Wasser rauscht.

(7) Die Liebe

Es war ein lieber Antwortbrief
da hieß es nur ein Anfang nit
»die« Liebe – liebe ist es nicht.
Da war der Anfang nicht darauf
was fehlte im hder liebe Hauch.
Wie immer war die liebe da.
          die Liebe,
Wo auch st »ein leiser Hauch«.

(8) Das Leben

Das Leben ist schön
schon so schön als das Leben.
Das Leben ist sehr schön
das lernen wir; das Leben;
Das Leben ist sehr schön.
Wie schön ist das Leben.
Es fangt schön an das Leben.
So (schön) schwer ist das es auch.

(9) Die Hoffnung

Die Anmut der Frau.
Der Wille zur Schönheit
Die Schlauheit die Hoffnung.
Die Hoffnung das Glück.
Der Schuh drückt sehr.
Die Hoffnung drückt das Herz.
Das Herz tut weh.
Dauernd ist es der Tod.
Die Schönheit zur Hoffnung.

(10) Der Tod

Der Tod ist ganz groß.
Der Tod ist groß
Dir Tod ist grütze.
Der Tod ist schön.
Der Tod ist auch.
Der Tod der Tiere.
Der Tod ist auch dumm.
Ich kann in den Tod gehen.
Der Tod in der Schule als Mädel.

(11) Die Maschine

Gerne möchte ich auch schreiben.
Da sie brav und bürstig steht.
»Ja da brechen wir zusammen.
wenn der – »Mensch« – die Menschen sieht«
schreiben möchte ich, dich gerne
wenn sie sehen, daß sie geht.
                    Dieselmaschine.

(12) Das Telephon

Die große Schnur und ein apparat
war auch für ihn und ihm von hoher
                                wart.
der andere stramm wie ich und du.
wo auch ein Apfel von Wichtigkeit
war. das Horchgerät und Gabel olge
auch ein Dare. Das Tele voll von
Nummer war. war auch der eine
Staatsmann dar. Der woher glüht an
der Saar wo auch ich einer war.

(13) Ein schöner Mond

Der Mund einer Dame am Himmel stand
der Mond die Sirene im Walde einst war.
der Mann im Monde im Dr. das Bild.
der im es wünscht und keine arznei.
der Mumps der ihm Walde ein Lid erzählt
da stand der Dr. vor im.
Was war ein schöner Mond und nichts
im Knie der Dame war.
War das nicht ein schöner Mum.

(14) Rot

Rot ist der Wein, rot sind die Nelken.
Rot ist schön. Rote Blumen und rote.
Farbe dazu ist schön.
Die rote Farbe ist rot.
Rot ist die Fahne, rot der Mohn.
Rot sind die Lippen und der Mund.
Rot ist die Wirklichkeit und der
Herbst. Rot sind manche Blaue Blätter.

(15) Gelb

Gelb ist der Sand der Erde.
Gelb ist die Farbe der *Ehernen* Wälder.
Gelb ist die Herzen der Blumen.
Gelb sind die Astern.
Gelb ist das Feld. das Geld.
der Franc ist gelb. – brünett.
ich *habe* einen gelben Franc gesehen.
gelb ist zum Beispiel mein Pencil.

(16) Grün

Grün ist die Farbe der Wiesen.
die Farbe grün, grün sind die Wälder.
Grün sind die Wälder.
Grün sind die Blätter.
Die grüne Farbe befindet sich im Behälter.
der Silo muß hellgrüne Farbe haben.
grün ist schön. Neben Mist.

(17) Violett

Die Farbe war rosarot
da kam blau dazu und rief
viola viola violetta.
violett war schön doch nur am Himmel.

ganz einfach diese Farbe war
schön du violett.
Der Ruf der Farben violett.

(18) Lila

Die Farbe ist schön
Diese Farbe ist ein Gemisch von rot und rosa
Die Farbe ist auch Lila wenn Lila lila ist.
Lila sind so manche Wolken.
Lila ist unsere Geldbörse unser Geld.
Lila ist schon eine schöne Farbe.
Lila ist unsere Farbe der toten Fahnen.

(19) Schwarz

Schwarz ist der Tag
Täglich sehe ich Schwarz.
Schwarz ist der Tod.
Schwarz ist auch dunkel der Tag.
Schwarz ist auch dumm.
Schwarz ist der Farbe hell es Gold
Schwarz ist auch dunkel.

(20) Grau

Die Farbe der Ehre ist sonst grau.
grau ist im Rock im Heere war.
grau gemischt mit grün.
grau war auch die Maus.
grau ist schön.
grau ist jede Uniform.
grau ist die Seide.
Die Graue Ahnung
für jeden Soldatenrock
Die graue Farbe und ein Nock.

(21) Das Leben

Das Leben der Hühner ist rot.
Das Beben der nächstenliebe ist rot.
Das leben ist schön.
Beben der Herzen im Leibe der Hunde.
Das Leben der Herzen ist lieb.
Das Leben macht den Himmel heer.
Das Leben möchte länger sein.
langsamer es Lebe die Liebe.
langsames Leben ist lang.

(22) Das Kreuz

Das Kreuz ist rot. In Bronze.
Das Kreuz ist rot in der Sonne.
Ich bin rot im Gesicht.
Das Kreuz ist rot. Das Kreuz ist schön.
ich bin schön meine ich; meine Sorge.
Das christliche Kreuz ist bronze.
Das Kreuz wird hellobarde genannt.
Das Kreuz der Menschen ist rot.

(23) Das Wasser

Hell am Ufer da steht das Wasser.
nur am Bache da steht die Erde.
nur wenn die Furcht ist groß
da muß das Wasser rauschen.
der Schöne Busch
schreibt ein Gedicht.
vom Wasser haben wirs gelernt.
das Wasser fließt am Bache.

(24) Das Feuer

Heida das Feuer ein heiliger
                              Strauch.
ein Heller und ein Batzen.
Ein Rauch der Flieder wächst.

Am Hause roter Hahn einssteht.
das Heute noch vor kurzem
Ein Haus gewesen ist.

(25) Die Luft

Dick überm Horizont
da weht die Luft.
weht auch an dir vorbei
weil ein außer die Luft gewesen ist.
mindest reine Luft wird nicht gesehen.
andere Luft ist auch kaum zu sehen.
Da am Hause keine Luft ist
ist sie überm Dache fast vier Meter
                                                    hoch.

(26) Mann und Frau

Ehe man die Ehe spann wo auch ein Kerl war.
die Frau. wo auch die Frau zu Hause war.
Der Mann im Kinde und der Mann war.
Die Ehe und die Frau. Die Ehe von Mann
und Frau war gut. Die Ehe eine gute war.
Die Frau verlog sich nicht weil
auch der Mann zu Hause war. Die Ehefrau
war auch nicht blind. Die Ehe des Mannes
aber auch die Frau ein gutes Blatt.

(27) Die Braut

Die Braut war laute einzig dar wo auch
im Spital die Schönheit war auch die Braut
am Atelar. Wo Rauch und mancher Arme
ist. Die Braut und kehr ein Mist war
und ihn wegzukehren dar. Die Braut
war auch hier an der bar. Die Braut
schlal oft vorsich hin und labsalin sie
lehnte auch. wo auch die Braut ein
kleines Wettchen war.

(28) Das Eichkätzchen

Im Wald und auf der Heide,
da fand ich meine Freude.
Der Förster schrack zusammen,
als es auf dem Baume war, das Eichkätzchen.
Es sprang von Alles zum Ast.
und schmor zusammen. Der
Förster fror. Und sein Gewehr.
Der Förster sah wie es gerade schah
und stach im in das Fell und fiel
vom Baume wie der Schnee.
Das Eichkätzchen hatte ein semi-
Fell von braunen Zar. Das Fell war
                              well.
Der Fuchs sah hin und wieder und
fraß es auf. Das Essen holen. Das
Eichkätzchen war tot. Der Fuchs war
lang. wie der Förster sein Gewehr
und schoß. Er traf es nicht.

(29) Die Rose

Die Resenrose im Herbst auch blüht.
Der Weidmann in die welken
   Augen leht.
stumm sehen dich die Augen an.
der stumme Blick der Rose.
Die Blätter der Rose waren blind.
lagen auf der Erde.
Und warten der Landschaft kühlen
                              Wind.

(30) Die Wüste

Eisklapp die Stumme Sandweit war
so klar war auch mancher Soldat.
So einfach diese Sandwiches waren.
so weit war rauh auch diese Stadt.
der kurze Aufenthalt darin war blind

für den Soldat im »heißen Sund«
die Söhne – der Wüste – sind im Sand
wo Eiskalt war so man minche
Stadt.
Auch ich war einst in dieser Kim.
wo auch.

(31) Der Zwergck

Wo im tiefen Wald der Zwerg auch ist.
Da hohl ich meine Frau und ißt sein mal
au, der Wald hinab geht tief zur Sein
da hör ich meine Stimme wieder der
                              Zwerg im
                              Wald.

(32) Die Höhle

Als Felsen rund die Höhle war.
Da stand der Bär davor
das Lied ein Brombär und sang.
was soll ich mit ihm machen?
Als mich er sah so freundlich auf uns!
Der große Tag war für mich da.
Die Höhle in Virginia.
Da hörte das Brummen auf und ein
                              Lied erklang.

(33) Die Schlange

Als ich sie sah da stand ich vor ihr.
weiß wie der Schnee.
Als ich davor war da stand ich auf
                    auf einmal auf.
Als sie schön war sah sie ganz anders aus.
Lang wie der schopf war sein Rumpf.
aus im noch etwas zu machen.
sehr schwer zu sehen den ich war dein.

(34) Der Drache

Baum die Bäume in der Au
darin der Drache mit sein Mann
Hoch in der Luft das Mannschaftsschild
aus Papier der Drache.
stand er auf und gab ihm die Hand
aus vierkant Summe gelaut. –
aus Wissen und Durst der Drache mit
seinem Maul.

(35) Die Wolken

die wolken so groß und weit
die wolken so groß und weit
die wolken so groß und weit
   die am felsen wie aufgesprossen
   ein vorhang wie der osten so groß und
   der wiederhall im tal war gut und schön
   der partzifall wolte aufblicken auf
   und sah sah auch auf sie die da hernieder-
   prasseln wie schnee und eis die regentropfen

(36) Das Gesicht

Das Gesicht ist manchesmal rund
und länglich. –
Die Augen als die Treue gilt.
die Nase in der Mitte ist.
der Mund. Das Gesicht.
die Menschen und Jeder hat ein
                 Gesicht.
Das Gesicht ist der erste Blickfänger
               der Menschen.

(37) Die Maske

Die Maske ist Lieb, ach wenn sie mir nur blieb
Die Maske ist rund Die Maske Ist rund, Die
Maske ist rot Die Maske ist echt
Die Maske ist Sehr schön. Die Maske dient zum auf-
setzen. Die Maske sie ist auch dicht
Die Maske dient für einen Ball Die Maske Blieb ihm.

(38) Herbstlaub

Der Winter naht.
Die Blätter fallen.
Tag für Tag, die Blumen welken.
Das Laub fällt ab, Tag und Nacht.
Der Herbst beginnt ein Lied zu lallen.

(39) Die Weihnacht

Wei wa der Baum die Weihnacht naht.
Die erste Tat vor dem Mond.
Da ich noch darunter stand.
viel sahen Sahen waren darunter.
Biene kommen und Sachen.
Lombra die Nacht und ein Schwung.

(40) Das Schwert

Dir liebes Heij heiliges Schwert.
mit willen tief geprangert ist.
mit dem alten Testament.
panzte sich das Schwert heran.
nein leider weiter geht es nicht.
als bis zu mir herein.

(41) Das Nashorn

Das Nashorn ist im Wald ganz stumm.
Die Nase in der Höh und tut auch
                        gar so weh.
Die immer so weh tat und tut sonst
                        gar nicht weh.
mehr als das Tier so groß ist sie auch
das Nashorn ist ein großes Tier.
Das Nashorn ist im Wald.
so zackig ist das Nashorn
und doch so schön.

(42) Der Elefant

Der Elefant ist *gleichviel* im Zirkus
wie auch Schönbrunn. im Zirkus.
Der Elefant ist schön. Der Elefant
ist groß. Der Elefant ist ein Dickhäuter.
er hat große Ohren. Der Elefant sieht.
gut. Der Elefant ist ein Dyck.
er *befindet* sich in Schönbrunn. er ist
jung. er fristet sich durch.
Der Elefant geht auf. den Zehen-
Der Elefant ist schon hier.

(43) Der Esel

Der Esel hat lange Ohren.
länger als das Pferd.
Der Esel hat ein Fell. das ist grau.
Der Esel ist schön.
schon der ist ein kurzer Schweif.
schon der Esel macht sich dumm.
schon der Esel ist eine Franz.
schon der Esel ist ein ist schön.
der Esel.

(44) Das Känguruh

Das Känguruh lebt in der Steppe.
Das Känguruh ist auch schön.
ist das gußen in dem Wald.
Das Känguruh stützt sich am Halt.
und wird auch gar nicht alt.
seine sechs Zehen und den Schwanz dazu.
hat auch das Känguruh seine Ruh
hengt sich das Känguruh aber an
so gibt sich leicht aus wie der Schwan
                                    am See.

(45) Der Löwe

Ach wie kein anderes Tier
so sieht der Löwe aus.
Der in nicht zu anderen Zeiten.
Keine Spur von Löwenbreiten.
Der Löwe sieht ganz anders aus.
Wie es sicher ist ein graus.
rundherum die Pelzenmähne
und auf dem Köpf Mähnensträhne.

(46) Die Spirale

Sie ist rund und windet sich immer
hinan. Sie wird nur deshalb Spirale
genant befindet sich in der Uhr
genau so wie im Kugelschreiber.
Als ich mich auf dem Berg befand.
hatte ich sie verloren. Die Spirale
sieht aus wie ein Hindu.

(47) Die Uhr

Sehr Schön sieht man auf die Uhr.
      Sie besteht aus mehreren Teilen.
      Sie besteht aus mehreren Teilen.
      Sie besteht aus mehreren Teilen.
      aus dem Ziffernblatt
      Schön Titelblatt und aus dem Uhrwerk,
      Schön sieht man auf die Uhr.

(48) Der Regenbogen

Der Regenbogen hat fünf Farben.
Der Regenbogen ist rund oval
Der Regenbogen besitzt die Farbe
              gelb, rot, grün
Der Regenbogen hat auch blau und
                violett.
Der Regenbogen dauert fünfund-
           zwanzig Minuten

(49) Die Pyramide

Die Pyramide von Gihze
Die Pyramide ist groß
Die Pyramide ist schön.
Die Pyramide ist süß.
Die Pyramide ist schwer kaum zum glauben
Die Pyramide ist groß
Die Pyramide ist herrlich
Die Pyramide ist hübsch
Die Pyramide ist viereckig

(50) Der Regen

Der Regen ist tränig
Der Regen ist kahl und feucht
Es regnet nicht für euch Leut!

Dann geht der Wind etwas föhnig.
Der Regen ist gut –
für jeden Hut.

(51) Der Mannmensch

Wenn Menschen. Die Menschen sehen.
Und am Auenwelt vergehen. Menschen
Wilde kommen Menschen sehen.
              und vergehen.
Wenn Menschen kommen mögen.
    Sie auch sprechen und dich sehen.

(52) Die Hoffnung

Die Hoffart ist die Hoffnung in art
Die Hoffnung ist die Liebe nach
dein Tod.
Die Hoffnung ist dem Puls nahe
Die Hoffnung ist lieb auf der Hand
Die Hoffnung ist schön.
Die Hoffnung ist schwarz
Die Hoffnung ist immer weiß.

(53) du Freudenheld

Sehr schwer zu sagen, denn der
Winter.
sehr kalt die Lüfte wehn.
du, stolze Bergwelt in der Land-
          schaft welken – und
weinend jeder Morgen bricht
        die Frau.
        (Ahn)

51 u. 53: Titel von Alexander selbst gewählt

(54) Der Dolch

Heft an festen Dolch gewesen.
muß ein Dolch gewesen sein.
da steht er schon tief drinnen im Blute
und wacht. ob draußen kann da
                                    nichts entstehen.
Da dolchte es in mir herum
wie deutsche Ärzte sich vertun.
wie sie schimpfen und auch stehen
                                    auf
uns untereinander ein.
Da muß etwas geschehen sein.

(55) Der Spiegel

Der Spiegel an der Wand.
Wer Spiegel hat heißt Spiegler.
Der Spiegel ist rechteckig.
in der Spiegelscheibe ist silberpapier.
und Spiegelscheibe heißt grote.
sie glitzert matt im Schnee.
gehört zum hineinschaun.
sie ist rechteckert dann ist sie zer-
brochen unser alter Spiegel.

(56) Die Ziegarrette

Es war ein Junge wo auf der
Straße anderer Junge war
Er zündet sich eine Zigarrette
an, das Feuer fing,
der Holunder brandte ab.
mit ihm.

(57) Das Lieben

Das Lieben ist schön.
schöner als das singen,
als ich sah das Lieben.
Das Lieben ist ein Kummer.
Das Lieben ist ein Lied,
schon das Lieben ist schön.
Das Lieben hat zwei Personen.
die das diebische Elster liebt.
Das Lieben ist schön.

(58) Das Auge

Das Auge ist sehr lieb und dumm.
Das Auge meinen wir.
Die Augen-Liebe und das Auge.
Das Augenlicht die Farbe auch. (Hu)
Die Augenfarbe auch das Pik.
Das Augenfarbe-Licht kann sein.
und auch das Der Augen rein.
Das Auge sieht so wie ein Psalm.

(59) das auge

das auge sieht fasst allüberrall hin
wo gott uns hingestellt hat
sehr schwer zu sehen den es ist zu
es siht sehr ellegant aus den es ist rund
oben die iris in der mitte das kron das pupillenloch
ist entweder weiss oder grau.
ist rund inder höhle der augenhölle der vorhang
die augen sind nur zum sehen da und der sieght
verliert das haar und das ist weiss.

57: Titel von Alexander selbst gewählt
59: Im Original mit Schreibmaschine getippt; deshalb durchgehende Kleinschreibung.

(60) Die Erde

Die Erde hoch die Erde steht.
Die Erde weil stirbt sie ab.
muß die Erde alles sehen.
Da muß die Erde gewesen sein
mit Schuhen kann man gehen hin
weil Erde auch erreichbar ist.
Der Mann im Monde sieht und grüßt.
Dir Erde auch reich ist.

(61) Das Glück

Wenn wir das haben
Wann wird das Glück erscheinen
Wenn wir das Glück haben werden
Eine Autokollonne zu vererben.
Der das Glück hat der kann leben.
Der Gluck hat, der muß es eben.
mitgehen und den Koloß fahren.
er geht nicht schwer er fahrt allein.
Der das Glück hat, ich.

(62) Der Himmel

Der Himmel ist blau.
gold sind die Sterne
weiß sind die Wolken.
Das Blieb so immer
Der Himmel ist über den Wolken.
Der Himmel ist schön.
Der Himmel ist hoch.
und am Himmel blieb ich nicht da.
Der Himmel ist hier.

(63) Gedämpftes Saitenspiel

Zull dringen die stimmungs-
                            vollen
Noten durch den Raum. Die
zarten Töne neben der
                            Muse.
Die neben der Musik sehr
feindselig sich anhorchenden
Intervallen. Die Musik ist
fein voll und ganz hoch.

(64) Eine zarte Hand

Eine zarte Hand stört
Eine zarte Hand ist schön
Eine zarte Hand rauscht
Eine zarte Hand raucht.

Eine zarte Hand ist im Himmel.
Eine zarte Hand ist leicht.
Eine zarte Hand zierlich
Eine zarte Hand begehrlich

(65) Das Schweigen

Das Schwere ist das Schweigen
im Sommer wie im Winter.
so ist es auf der Erde
Darauf liegt Eis und Schnee

Das Alles ist recht Wichtig.
und überrascht uns sehr
Das ist nicht im Rasen-Rosen
Das sagen wir nicht mehr.

(66) Das Zebra

Das Zebra ist ein schlaues Tier
in den Augen und ist gestreift.
Es läuft in der Steppe und
nährt sich von Blicken des Löwen
der viel frißt und leckt.
Das Zebra Zieht von den Streifen
ist sattgefressen und nährt sich
von Aas.

(67) Die Giraffe

Die Giraffe hat ein langen
                          Hals
Die Giraffe ist groß nocheinmal
so groß wie ihr Körper.
stammt von der Maus ab und
langweilt sich so wie diese in
                          der Erde.
Die Giraffe ist braungefleckt
am großen Hals und am Körper.

(68) Die Seidenraupe

Rund und stachelig ist sie
plump und schön gefilzt
angeblich stump stehltzt sie auf
ihren Beinchen auf dem Bauche.
geht ihre Strecke nicht dann sitzt sie auf
die dünne Strecke flitzt noch im
                          Rauch.

(69) Indien

Indien ist breit am Ganges.
Dorf und Stadt breit auseinander
als Stockerau noch klein gewesen.
als Dorf noch kaum genesen.

als Stadt und Hauptstadt und
recht groß,
als Hauptstadt auch famos
Tilsit, der Name war recht groß.

(70) Der Kuckuck

fliegt froh durch den Wald
der Kuckuck ruft laut Wal kuk
und der Kuckuck ruft es aus.
Kuckuck Kuckuck ruft aus dem Wald.
jodelt und findet bald hie und da
                              was
findet er was so macht es ihm Spaß.
tanzen und springen kuckuck Kuckuck
wird es nun bald Frühling.

(71) Der Winter

Helmut hört zur Weihnachtszeit
Kinder alle = seid bereit =
und wollen wir auch einsam sein.
und läßt das liebe Englein rein.
so weiß wie auch die Flüglein
                              sind.«
ist auch der Schnee du liebes Kind.

(72) weiß

weiß ist der Schnee. Weiß ist das Eiweiß
weiß ist der Tote nicht. weiß sind die Karpfen.
weiß ist der Anzug. weiß sind die Blumen.
weiß ist der Ton der Farbe. Weiß sind die Russen.
weiß ist schön. weiß sind die Fische
weiß bleierne Eier. weiß sind die bleiernen Eier
weiß ist sehr gut. so manches Ei ist weiß.
weiß ist nicht schwarz.
weiß ist nicht hell.
weiß ist auch nicht blau.
weiß ist der Himmel.

(73) Blau

Blau ist die Bibl im Hafen.
Blau ist der Himmel
und blau sind die Sterne.
blau ist das Band der Marine
blau ist das Land am Meere
blau ist der Strand der Donau
blau ist die Donau so blau
blau ist die Sonne das Bild
blau sind die Schwerter und der Schild.

(74) Die Maus

Die Maus ist ein Feldtier
sie lebt hinter den Schranken
des Bahnhofes, und sitzt in der
                                    Erde.
Es nährt sich von Kukuruz
und Stroh von Mais und Hafer
daher der Name Maus.
Die Maus ist ein Plagetier
und bohrt Löcher in die Erde.

(75) Die Orchidee

Die Orchidee in dem Lande
wo die Zitronen blüht. im Bau.
dort wo sie welkt und auch gedeiht.
dorf wo die Nelken blühn. und ver-
                                    blühn.
die Orchidee ist schön.
groß und kein Halm daran.
ist die Orchidee groß.
und riecht auch famos.

Ton
(76) Der ~~Tod~~ Ton

ist der Ton gefallt mir
ist der Ton groß artig.
Der Ton ist hübsch.
Der Ton macht sich großzügig.
Der Ton ist groß spitz.
Der Ton ist laut. Die ist schön.
Der liebe Ton ist artig.
Der Ton ist schön.
guter ist der Ton..

(77) Der Götze

Der Götze sitzt am Wagen und
schaut die längste Zeit lang.
Der Götze ist schnell, macht immer
das verkehrte von dem was ist.
sitzt er z. B. am Wagen so läuft
er hin und her.

(78) Der Mond

Der Mond – am Himmel stets
                    Begleiter der Erde ist,
wird Alt und Jung zugleich.
Je wenn es kälter wird die rote
   Sichel rundet sich.
Der Mond, das Monat ältert
                              sich.
Das zwölfte Mal dann ist es zu Ende.

76: Von Alexander selbst gewählter und in der hier wiedergegebenen Art spontan korrigierter Titel

(79) Das Freudenhaus

Das Freudenhaus ist gut und
                      gross.
Ist für Musik gebaut, und
                steht allen Menschen
                offen.

(80) Der Krieg

Der Krieg zerfetzt die Häuser
und reisst die Mauern um;
Und soll es auch mit den
Maschinen und mit den Men-
                schen tun.
Der Mensch legt die Minen,
Panzer rollen vor. –
Der Mann beherrscht die Waffen
     und schiesst aus dem Rohr.

(81) Die Seerose

Die Seerose blüht am See.
Sie ist weiss wie Schnee.
Die Rose ist ein Spiel mit dem
                      Wasser.

(82) Mein Name

Mein Name ist gegebenen Sinnes
              der Stolz, sein Angebot.
Er ist das Ziel und Anfang bloss.
wie er geschaffen in Aug' und Ohr

(83) Alexander

Alexander ist ein Prophet des Mittelalters.
der es ermöglicht Gottes Vers
        zu ebnen. –
Landen in der See des Südens Italia

Die Hexe.

Die Hexe war im Wald und
sammelte Holz. Klaiber kamen
vorbei und priesten ein am
Baume befindliches Loch.
Der Zungenschlag die in dem
Walde harrten. mochte gar nimmer
werden. Die Hexe wollte Holz von
im den dieses ließ im ewig warten.
und stapfte in dem Schnee herum.

Der Panzer

Der Panzer ist aus Stahl
Der Eisen und Stahl
Der Panzer hat viele Schrauben
Doch darf man ihnen nicht trauen.
Der Panzer fährt in Rußland aus
Doch fährt er über eine jede Maus
Doch will man in nicht trauen.
Den er hat nur an den Rädern Schrauben
Er fährt durch Schnee und Eis
für den Man der sonst nichts weis.

Die Trauerweide.

Die Trauerweide am Bachrand steht,
So schön, wenn sie im Winde weht.
Am Schauer vorbei wächst sie ab.
Und steht auch manchesmal
                          neben dem Grab.
Die Weiden hängen an ihr herab.
die trauern von früh bis spät.

Ida.

Es saust ein Flüstern durch den Raum.
aus unbestimmten Höhen – Ida.
Ida ist kurz und schön zugleich.
für Haus und Garten – Ida.

Der Traum.

Der Traum war um Mitternacht-.
als ich gerade tief im Schlafe war,
fuhr ich mit 2 Rössern im Trabe eine
Strasse hinauf. Der Pferde pusteten.
Ich traf im Straßenzuge einige
Buben. Schnell flogen die Häuser
vorbei. Der eine war mir nahe
und trieb meine Sehenskraft gegen
meine Seele. Die Sonne schien.
die Schnell in die Ruhe zurück-
fuhr und ich erwachte.

Der Traum.

Die Güte ist Macht allein.
Der Fromme ist klein.
Die Liebe winkt ihm,–
und alles ist hin.

Der Morgen.

Der Morgen ist kühl,
die Vögel sind stier.
Die Affen allein –,
auf den Bäumen zu sein.

Die Seerose.

Die Seerose ist klar am Meere zu sehn.
Der Pfarrer aber winkt ihm zu geh'n.
Die Briefe allein sind groß und
                        klar geschrieben.
Denn alles ist das was die Liebe
                        gewimmert.

Der Wein.

Im Bären lebt ein Storch
Und liest im Taig einen Ort
Und ein Bär geht Tann in
dieses Loch und grüßt die
Narbe um ein Tor

Eine lange Reise.

Der Zug fährt ab. Das Land
                        ist schön.
Die lange Reise. ist das
die Stadt auf dem Lande?
Der Zug fährt vorbei.
Er fährt durch den Tunnel.
Er fährt über die Donau
                        nach Wien.

Die Vase.

Die Vase steht am Tisch bereit
und ist voll schöner Blumen.
nicht immer ist das Wasser weit
um im Munde zusammenzulaufen.

Ich.

Das Gebet der Stunde ist gekommen.
»ich« heißt das stumme Wort. Ich
sollte zum erschießen gehn und ist
            in Zukunft unser Hort.
Vorüber ist das Wehgeschrei. Für ich so
  gern geschehen. Nur Dumme geben
sich dann frei und wollen nun schon
                        gehen.
Freiheit das Wort im lauten Klang.
liegt als Parole für die Leut', –
bereit uns zu verbannen.
»Ich«, brecht, das Banner für den Staat.
die Kirchenglocken läuten.
Sie wissen selber was es tat. Um ja
  nicht zu streiten.

Die Sprache.

$a + b$ leuchten im Klee.
Blumen am Rande des Feldes.
die Sprache.–
die Sprache ist dem Tier verfallen.
und mutet im a des Lautes.
das c zischt nur so umher und
        ist auch kurz dann sein
                        Gewehr.

Ostern.

Herr über der Welt, Gottes Sohn,
Ostern.–
das Osterlamm in Bildes ahn.
das Osterei du weißt es
                    schon.
legt ein Huhn ein Ei davon.
Ostern.
Die Hirten voller Laune spielen
die Melodie Ave Maria.

Das Brot.

Das Brot ist täglich unser
                    Unterpfand,
das Brot, als Kampfgarn
    wird gegessen, gleich als
    Begleiter überm Lebenspfad,
der Arbeit angemessen, das
Geld des Lebens, und am Tag.

Die Waage.

die Waage ist ein Pol des Volkes.
Dichter sagten Division.
Deutsche Worte; eine Plage für die
                                Waage.
–»Die Kavallerie«–, das Pferd, davon.
Beim Regiment war die Waage,
    die Gesundheit der Armee.
Bei Kolumbus war die Waage
das Ei – und tat den Matrosen
                    weh.
(als Schwert) das der Kapitän zog
und so seine Matrosen wog.
Liebe Leute seid bereit
für die Zukunft au' gescheit.

Das Ei.

Das Ei ist rund, die Erde weint
Die Sonne lacht, der Himmel dröhnt.
Voll schrecken legt die Henne sich,
ins Nest. Erbarme dich, ein Ei.
so verläßt die Henne sicherlich das Nest
und weint, Ihrer Kinder wegen, –
von Gott gegeben und den Rest?,
muß sie wieder Eier legen.

Der Aufruhr.

Pfeile schwirren durch die Luft.
Ein düsterer Tag beginnt.
Ein Indianer»stamm« ringt nach Luft,
und gleich, wie der Blitz, wild.

Tief im Wald gärt und brodelt es,
»HUNGER«, Aufruhr der Mägen, kracht es,
in allen Ecken und Enden gärt es.
Ich stand im Wald lange allein,
die Schwarzen Wolken zogen heim.
Tief im Land weinte ein Häuptling
und der Stamm im Baum weinte bitterlich.

Der Friede.

Zeit und Raum, – das Volumen,
bilden den Frieden.
Die Menschheit auf Erden – den
                              Staat;
und ihre Hauptstadt bilden
den Frieden. Glockenguß der
Arbeiter auf der Kirche sind der
                              Friede.
Friede den Menschen auf Erden.
Der Papst sprach, es muß Friede
                              werden.

Das Böse.

das »Böse« kommt vom faulen Zeitraum.
Die Tante ist böse auf mich.
der Onkel kommt spät heim.
Die Kinder sind böse.
Der Hund ist böse.
Die Hausfrau ist böse auf Dich –
Das Tor ist verschlossen.
Das Schiff ist gesunken, die Mann-
    schaft ist böse.

Der Psychiater.

Der Psychiater ist der Mann
der was dies kann
dem Patienten zu dienen
dem Arzt zu heilen
sowie der Sorge der Anstalt zu helfen
den neuen Geist eines Patienten schmieden.
die Mutter der Psychiatrie,
dem Vorsitz einer erkrankten Seele,
die wieder gesund werden muß.

Der Patient

die Katze ist ein Lamm des Friedens.
so denkt ein Dichter seiner Zeit.
die im inneren Zeichen eines Psychiaters
einer eigenen Welt gehorcht, – dem Patienten.
der Arzt zieht die Nummer dann
dem Patienten eine neue Seele an.
der im neuen Geiste einer Krankheit,
immer weiterziehen soll.

Waage

Die Waage kann ein jeder Mann
wie schwer er ist und selber stellen kann,
den Geist der Nummer dann, zieht der Prüfer die
                              Verse an.
das Gewicht dazu, den Prüfstein jeder Logic ein
setzt der Oberpfleger seine Graphik ein

Der Psychiater.

Der Psychiater ist der Sorge des
                    Patienten.
Der Psychiater dankt und denkt über
                    den Patienten.
Der Psychiater denkt und schützt die
                    Worte des Patienten.

Eine schöne Landschaft.
Korneuburg.

Eine schöne Landschaft – –
muss eine Burg haben, Kreuzenstein!
wo die Nordbahn geht
und die Strasse nach Korneuburg
                              fährt.
Eine schöne Stadt, und die Donau
                              fließt.
Viele Boote fahren und der Föhn weht.
wo die Bauern auf die Felder ziehn.
wo das Korn reift und diese Ernte
                              wird. –
        »Korneuburg«!

Das Kaffeehaus.

Ein Kaffeehaus inmitten der Stadt
Stockerau; am Göllersbach gelegen,

befindet sich ein Zaun, dort
hat ein Dichter die Verse geschrieben:

Ein Osterei für reiche Beute,
das Geld dafür für arme Leute.

Die Ausfahrt

Mit dem Zug fuhren wir nach Wien.
in den Wr. Prater.
Die Ausfahrt war kurz und schnell.
Wien war erreicht worden.
Der Nordbahnhof.
mit dem D-Wagen in den Wiener-
                Wurstelprater.
dort standen wir am Riesenrad.
Wir fuhren einmal eine Runde mit –
Da hat er mit der Trompete ge-
                blasen.
Und wir sahen über Wien.

Der ovale Spiegel.

Spieglein, Spieglein an der Wand,
wer ist die schönste vom ganzen
                          Land.
Im Zimmer ist ein Spieglein an-
                          gebracht –
Und im Ofen hat es gekracht.
Aber meine Mutter dachte anders.
wie ich einhergeschritten kam
sprach sie zu mir – »jetzt kann er es.«
Und am Tische waren Blumen da.
Und ich jubelte »Hurra«.
Spieglein, Spieglein an der Wand;
Ich war der Schönste vom ganzen
                          Land.

Die Dame.

Die Dame ißt nicht.
Und deshalb geht sie spazieren.
Eine Dame macht harte Späße.
Eine Dame sieht wie ein Marienkäfer
                          aus.
Eine Dame huscht wie ein Fasan.
Eine Dame geht allein herum.
Eine Dame spricht viel.

das Zebra!

das Zebra stürmt in weiten
                          Fluren,
durch grüne Gräser ziemlich
                          weit.
und wünscht sich nur vor
                          schönen Türen
zu fressen Felder ziemlich breit.
Ein Zebra will dies alles nicht.
Es will nur leben in der Flur
Es kann sich leisten *net* den Tod
und will sich kehren in der Not.

Orang Utan.

Der Utan lebt im Urwald
der Jammer dort ist groß.
Die Löwen unten tanzen
Der Pavian famos.
Die Jungen kreischen alle why
Und der Orang Utan reißt die
                    Banane entzwei.

Der Flieder steht im Garten.
so dicht und hoch hinaus.
die Mutter sieht die Blumen blühn.
und in die Zeit hinein.
da war es aus mit drum und dran.
die Welt sah anders aus.

Der Löwenzahn.

Der Löwenzahn wächst drunt im
                    Mulde.
sehr scharf zu pflücken all.
Die Mumen dürfen zacken
Die Alten laufen fort.
Der Löwenzahn lief Straßen.
Die Alten krochen samt.
Der mut'ge schlüpft in die Patschen.
und laufen alle fort.

Das Bächlein.

Das Bächlein fließt im muntern
                    Grund,
hinaus aufs weite Meer.
Die Fischlein pupsen munter zu
und zu allererst der Hecht. (HER)
Er frießt das Fischlein in den
                    Bauch.
und frießt das Bächlein leer.

Die Quelle

Eine Quelle ist im Wald.
sie fließt eiskalt erhalt.
Eine Quelle, ist ein Berg von
                    Lufthass.
Der Berg herluft sich selbst
                    ganz blaß.
Der Heger trinkt von ihr im Schloss.
und wird gesiegt im Schoss.
Der Jäger schießt hernach den Bock.
Und tragt ihn in den 3. Stock.

Das Bächlein.

Das Bächlein fließt herunter,
Es fließt immer Bergab.
Die Nuten haben Zacken und
und die Schuhe ein Grab.

Das Bächlein hat Humor,
sie üben Hasen, Reh und Hirsch,
Der Bach ist er geschwollen,
Dort löschen sie ihren Durst.

Das Büchlein

Der Kalender zeichnet ab den Tag,
das Büchlein und den Schreiber.
Der ahnungslose Leser gab,
das Büchlein und den Zeiger.

Das Büchlein schlägt er auf im nu,
und liest hieraus die Sätze.
Das Büchlein schlägt die Augen zu,
und gab ihm noch die Plätze.

Das Giftgesetz

Der schwarze Käfer wird Wirkung.
bei Blut und bei Wein.
Die Gerste, der Hafer da wirkt
                              ganz allein.
Das Gift und die Aster bleibt stehen
                              allein.

Die Sünde

Die Sünde wird verfolgt.
Der Pfarrer ist das Heil.
Die Christen und Herz Jesus.
Die Kommunion vereint.

Die Treue.

die Treue ist hohe Kunst.
die Treue ist des Hundes Rast.
Der Menschen ist sie frohe Wacht.
für die Treue haben die Soldaten acht.

Der Tod.

Der Tod kam einst einhergeschlichen.
und raubte den Toten das Leben.
so ist der Tod wie einst verblichen.
und schenkte den Toten wieder
                              das Leben.

Der Park

Der Park ist für die alten
                              Leute da.
Im Park, da wachsen schöne
                              Blumen.–
Da sturmen die Kinder mit Hurra.
Der Park gehört auch für die Dummen.

Das Parlament.

Das Parlament ist ein Sprachsaal des
                    Volkes zur Re-
                                gierung
Die Regierung vertritt das Volk im
                        Parlament.
Im Parlament wird die Weisung des Volkes
                der Regierung übermittelt.
Im Parlament vertritt man die Meinung
                des Volkes der Regierung gegen-
                                        über

Der Vater.

Der Vater muß die Kinder, ehe sie zur
                    Schule gehen, führen.
der Vater ist der Verdiener und das
                    Haupt der Familie.
Vater sein, ist besonders schwer.

Die Zukunft.

Die Zukunft ist ein Wegweiser
die Zukunft muss das besser wissen.
ohne Zukunft gibt es leider kein Leben.
In der Zukunft liegt der Tod uns zu Füssen.

Die Vergangenheit.

die Vergangenheit ist klar vorbei
Vorüber diese Zeit *der Ewigkeit*
Und nun bist du wieder ein Osterei.

Die Gegenwart.

Die Gegenwart ist still allein,
wir wollen doch nur fröhlich sein.
Ich bin gegangen in den Wald,
und kehre zurücke allzubald.

Das Mütterliche

Die Liebe zur Natur ist das Mütterliche.
Die Natur ist die Liebe zur Mutter.
Du sollst selber sein so sagt die Natur
Der Regen ist die Traufe zur Natur.

Die Gespaltenheit.

Die Gespaltenheit ist Arbeit der Ärzte.
Diese wird auf den Nenner gebracht
die Gespaltenheit ist eine Operation.
Und die Kinder wissen es schon.

Der Kreis

Der Kreis ist rund
die Ellipse ist oval
der Kreis ist kugelrund
der Mensch ist jovial.

Grüne Schlange.

Die grüne Schlange kriecht dahin.
und wird vom Menschen klar be-
staunt
Es trifft den widerlichen Schlangen-
sinn.
bis ihm sein weißes Haar er-
graut.
Die Mutter winkt und er gehorcht
Und geht dahin bis er verscheucht.

Wie ein Adler.

Wie ein Adler flieht der Rauch der Zigarette.
Wohl der Kopf und ganz allein das Auge.
Wie ein Adler ist der Ruf davon.
gern zu heben von der Adlerin.
Wie ein Adler sieht der Wolf vorbei.
und denkt sich seine Litanei.
Wie ein Adler möchte ich gerne sein.
da ist die Welt für
mich allein.

Ewigkeit und Zeit.

Die Uhr geht langsam, wie das Wasser
                                        fließt –
Die Donau ab, zum Schwarzen Meer.
Das Flugzeug schießt vorause mit Raketen.
Der Schnee fliegt lausig herab vom Gebirg.
Die Glocke schlägt vom Turm und ließt.
                        der Pfarrer seine Messe.
Die Leut' gehen hin zur Messe mit der Bitte.
Ab zu uns komme, Jesus Christus, bitte gleich.

Wie ein Kind:

Der Urlaub und die Dame
das ist ein Gleichnis »wie ein Kind«.
da sieht man an Händen und Beinen
wie die Kinder sind.
Der Urlaub und die Dame
da lebt ein jeder auf
da haben viele Leute sich selbst den
                        Urlaub gebaut.
Ich sah es an der Fähre,
die so schön traute fuhr;
da fährt man über's Wasser,
das ist wie ein Schwur

Die Sonne.

Wer der Sonne sich gelüstet –
steiget auf den Berg.
Und atmet streng allein
die Luft ein wie ein Zwerg.

Zwerge gehen tief hinein
in den Wald
bis ihr Liedlein
widerhallt

Wer der Sonne sich gelüstet
steiget tief hinab ins Tal
und schön braun wird gleich er dürstet
und dieses ohne Qual.

*Das folgende Gedicht schrieb Alexander in drei Variationen, die
hier nacheinander wiedergegeben sind.*

Weihnachten 1967

Weiß ist der Schnee, die Liese zu forsten.
den Arzt zu genügen, und den Deutschen zu horsten.
Dann den Doktor zu fragen,
und den Deutschen zu bargen.
die Weihnacht zu wälzen,
und die Liebe zu Pelzen.
die Kerzen zu zünden,
und den Baum zu entmünden
den Soldaten im Einsatz
den Krieg zu vermindern.
den Herrschern zu helfen.
den Krieg zu versalzen
und den Menschen zu lindern.
der Fahne zu dienen
und der Mutter zu balzen
du Liebe Not,

die Welt ist nah,
gebt mir das Brot
ich bin der Bar.
       Weihnacht
Königin die Welt ist offen.
Kinderin die Zeit ist nah.

Weihnachten 1967

Schnee ist gefallen, und Reif und Frost steht
                     auf der Tür.
Die Liebe im Herzen, das tut uns alten Deutschen
                     so weh.
Das Schwerste zu schaffen und das Schönste zu leiden
                     Weihnachten.
Das wird uns allen Leid tun.
Als der Winter zu uns kam.
Liebe Einsatzalzbullen.
Als der Frühling sprach,
Bitte gebt uns ein Stück Brot.
Seht her meine Lieben ich halte das Banner.
                     Weihnacht.
Du liebe Zeit, die Welt ist nah.
Kinderin die Welt ist offen
Königin die Welt ist nar.

weiß ist der Schnee die Ilse zu forsten.
den Arzt zu genügen und den Deutschen zu horsten.
dann den Doktor zu fragen,
und den Deutschen zu bargen.
die Weihnacht zu wälzen
und die Liebe zu petzen. l
die Kerzen zu zünden, und
den Baum zu entmünden.
den Soldaten im Einsatz
den Krieg zu vermindern.
den Herrschern zu helfen.
den Krieg zu versalzen
und den Menschen zu lindern.
der Fahne zu dienen

und Mutter das balzen
du liebe Not die Welt ist nah.
gebt mir das Brot
ich bin der Bar.

Patient und Dichter

Dichter

Je größer das Leid
desto größer der Dichter
Umso härter die Arbeit
Umso tiefer der Sinn

Patient

Je größer das Unheil
desto härter der Kampf
Umso ärger der Verlust
desto Irrsinniger die Verdammten

Patient und Dichter

Je größer das Leid
desto kleiner der Dichter

Umso härter die Arbeit
Umso tiefer der Sinn

Je grösser das Unheil
desto härter der Kampf

Umso ärger der Verlust
desto irrsinniger die Verdammten.

Patient und Dichter

die Mutti fragt die Tochter an,
Wie geht es ihm dem Patient.
Die Susi fragt im Radio,
Wie geht es dem Dichter, an.

Die Musik klang laut,
Der Sprecher sprach die Oper aus.
»Je grösser das Leid
desto kleiner der Dichter«,

So muß die Arbeit sein
Dafür, tiefer der Sinn.

Kunst aus Krankheit

Die Liebe zu Gott, heißt die Kunst
aus Krankheit. der Brustleutnant,
wettet, seine Frau kommt erst
zu Mittag nachhause. Die Gerda
reiht sich ein in die Turner-
schaft und wird Turnlehrerin.
Weil Sie krank war, wurde Sie
entlassen.

Die Eule

Eile mit Weile
sagt eine Eule.
Die Eule hat die Kinder lieb
und freut sich noch mehr,
wenn man ihr etwas gibt.

Eile mit Weile,
sagen die Kinder zu einer Eule.
und necken sie mit frohem Mut.
Sie giftet sich sehr,
wenn man ihr etwas tut.

Eile mit Weile.
tot ist die Eule.
nun will sie schön begraben sein
und trugen die Eule bis nach Heim.

Der Sündenfall:

ja wo, irgendwo
in unserer Heimat.
Da war ein Wasserfall –,
und rat,
da war er fort.
aus jenem Ort
und sah hinauf,
da war er Drauf.

Das Schweigen.

Das Schweigen im Hochwald.
Das Hochwild tritt im Walde, Rehe und Hirsche.
Der Förster paßt auf, daß die Ordnung ist.
Die Rehe und Hirsche sind die wildesten Räuber.
selbst der Heger sieht auf die Ordnung.
Nur der Jäger bricht das Schweigen, wenn
            der Schuß knallt.
Im Winter wird das Schweigen noch erhöht.

Die Zeitung.

Die ZEITung ist und das Geschee
geschähnis und der Tee, der DARE
Und Der Späher Sie gesagt Das liebe Vieh
Die Reber und das Steldichein ein Brief
für tich zu vac se vie – CH.
Das Blatt das den Nenner hat
muß 3-sein wie das liebe GRAb. –
die Zeit ist aus die blöde See
das Feuer her, den Kaffee.
Die SchalE, heiß mus sein das Zeug,
Ich gebe Dirs und sei mir TReu (UND) SEID MIR
                        TREU).

Adolf.

ist ein Werwolfname Name, und
heißt ERNYst HITL'ER und will
machen das er fortkommt weil
er keine Freude Hat am Dasein
und immer nicht eingesperrt
bleiben will. Sein Name richtig ist
Amadeus Mayer. er Trinkt mehr
und ißt mehr weil er Appetit hat.
er will das gericht verlassen fort
und wandern in die Stadt.

Ossi T.

    Er war ein guter Buwb und
ist desto besser gesittet als wir
alle Ossi T. wie er hieß
und heiratet Magerl Fanny
Er will sechs Kinder haben und
                    lachen wie
                    zu Hause.

Hauser Sterne.
Gedicht

Die Sterne stehen am Himmel
und der Man-Stern ist gefimmel.
Diese Stars und Film Sterne werd
ich nicht stecken in den Herd.

GOTT.

Gott will die Wolken legen.
und die Mütter lesen.
Die Ahnen ahnungslosen Menschen
wüten unter ihren Fahnen.
                die Wolken.
Sie hat aufgehört zu studieren
und die Japaner zu prüfen.

Ins Stammbuch.

der Tag ist auf die gut Deutsche
Eiche Tot der vergangen Heid
die Not das Blumeheit. Blume
ins Gesicht gespritzt und doch
gelumpt der Tannenhort.

Das Kind.

In der Waldheimat der Horner-
gegend ist ein Kind in der Nacht.
die die Natur – ist o so herrlich.
                    Das Kind. so gefährlich.

Der Schlaf.

Der Schlaf ist Gottes AugE.
Der Natur – Der Motor
aller Heere Die Torheit aber
                    wäre
auf mich zu verdrießen.

Die Pfingstrose.
Gedicht.

Firn der Schnee das Eis gefriert
Die Pfingstrose weil sie sich selber irrt
und noch dazu die Luft umstiert
Sie ist rot vor Scham. Der Zukunft
                    Lauch
Sie, feiern so hier einen Osterbrauch.

Der Rabe.

In der Falte steckt er oft
während wir jetzt essen gehen
Der Rabe führt die Frommen an

und gaustert sich herum als
Schwan.
Das Lied herbei die Stimm
heraus im Sturmgebraus.

Die Gans

Die Gans schwört meist wenn
sie vorfliegt.
Ihr Trumpf gehört ihm vierer
wer nu' auch quillt der Dreier
schwillt
Fort ist jetzt dieses Lied
Es geht bergup in jenes Tal
zum Wasserfall.

Der Patient

Der Patient ist krank. Des-
halb muß er geheilt werden.
Der Patient würde auch gepflegt
sein.
Er versteht sich gut mit den
Ärzten.
Der Patient kann als geheilt ent-
lassen werden.

Die Zigarette.

ist ein Monopol und muss
geraucht werden. Auf Dasssie
in Flammen aufgeht.

Der Tannenbaum.

Der Tannenbaum, oh' Heimatland –
ist schöner als ein Sarg.
Nur steht er lang im *Tannenwald*. (Nadelwald)

schön wie ein Sarkopharg.
Er ist dumm, schön, und gefräßig
frißt Wasser nebenbei.
und wenn er steht im Nadelwald,
frißt er auch diese, einerlei.
Nur wenn er wild ist wie ein Indianer,
first ihm Kaner.

Der Urlaub.

Der Urlaub ist Gesetzespflicht
ganz gleich ob »Mann« ob »Mich« (FRAU)
ganz gleich für welcher Gebärden.
sich zeigen nach der Unterschrift, n. (FA)
der Urlaub ist Gesetzespflicht.

Der Urlaub will gehalten sein
ob Tag, ob halb, ob Wochenfein.
Er ist auch pünktlich ganz und gar rein
und sicher ANGEZEIGT.

Weltuntergang (1)

Heil Österreich mein Heimatland.
Die WÖTLT geht UNTer ------ da is Pfand.
unter der Arzt geht heim
Nun muß noch mal geschieden sein

WELTUNTERGANG (2)

Heil Österreich mein Heimatl.
DIE WELT GEht unter – da ist Pfand.
Die Wötlt geht unter der Arzt geht heim
Nun muß noch mal geschieden sein.

Weltuntergang.

Heil Österreich mein Heimatland.
Die WOLT geht UNTer ------ der ~~zeige~~ Hand.
~~Die~~ ~~Welt geht~~ unter der Nzt geht heim
Nun muß noch mal geschieden sein

WELTUNTERGANG

Heil Österreich mein Einfall.
DIE WELT GEht unter – da is Rand.
Die Wölt geht unter der Arzt geht heim
Nun müß nuch mal geschieden sein.

WELTUNTERGANG

HEIL ÖSTERREICH MEIN HEIMATL
DIE WELT GEHT UNTER ~ DA IS PFAND
DIE MIEZET WEINT, DER BRUDER STIRBT
DER ONKEL HÜHNT _ DER HIRSCH VERDIRBT.
DIE MUTTER WEINT, DER ESEL STIRBT.
DER FLOHZIRKUS IST HÜBEN BAU
DIE MÖWE KRÄHNT DER ARZT SCHREIT HOW
DIE MIEZE NICKT DEM OHEIM ZU
DER HUND DU ~ DER SCHREIT WAU
DIE SPATZEN ZEHREN KC DEN HÄUSERN ZU
DIE KUH RUHT AUS _ DER OFEN BEIZ ~ DUMMMI
DIE MÄHNE KRACHT DER UHU SCHREIT
DER KUCKUCK BRÜLLT, DIE KOW VERZEIHT.
DER WIRT VERSTEHT _ DIE AMSEL SCHREIT

Der Blindgänger kracht himein ins VOLK
DER HIRTE KLETTERT DIE SCHAFE
                          SCHREIEN
DIE WISE MELKT der Bäuflein Bein

18. Mai 1968

WELTUNTERGANG (3)

HEIL ÖSTERREICH MEIN HEIMATL
DIE WELT GEHT UNTER – DA IS PFAND
DIE MIEZET WEINT, DER BRUDER STIRBT
DER ONKEL HÜHNT – DER HIRSCH VERDIRBT.
DIE MUTTER WEINT, DER ESEL STIRBT.
DER FLOHZIRKUS IST HÜBEN BAU
DIE MÖWE KRAHNT DER ARZT SCHREIT HOW
DIE MIEZE NICKT DEM OHEIM ZU
DER HUND DU – DER SCHREIT WAU
DIE SPATZEN ZEHREN KC DEN HAUSERN ZU
DIE KUH RUHT AUS – DER OFEN BEIZ – DUMMMM
DIE MÄHNE KRACHT DER UHU SCHREIT
DER KUCKUCK BRÜLLT, DIE KOW VERZEIHT.
DER WIRT VERSTEHT – DIE AMSEL SCHREIT,
Der Blindgänger kracht hinein ins VOLK
DER HIRTE KLETTERT DIE SCHAFE SCHREIEN
DIE WISE MELKT der Kuh ein Bein.

Der Zahn.

Der Zahn ist erloschen –
Jetzt bricht er aus.
Nun ist es so weit, –
zum Zahnarzt zu gehen.
Wegen der Goschen.
sonst ist es aus mit dem Mund-
                              werk.
Ende.

Die Nelke.

Die Nelke
ist schön – Eine schöne kleine Blume
Ein Zahn der Poesie. –
der Denker.

Das Letzte.

Das Letzte ist der Anfang der
                              Dichter.
Er sagt: es ist das Beste.
Ende, oder zuletzt.
heißt: Das Letzte (Beste)

Die Frau In Mir.

Hoch droben auf dem Berg
Wo die Zwei Englein stehn.
Dort ist dann auch noch – ein Zwerg
Er soll die Wache sehn.
Immer grün auf diesen Höhn.
Dort in dem dunklen Wald
Dort habe ich ganz schön.
Das Wörtlein Frau gelallt.

Der Winter.

Der Winter liegt im Bette gar
und hüllt sich in Schnee und Eis
Er friert in der Hand
und macht weiß das ganze Land.
Er dauert die Zeit
über Jänner und Fasching weit.
Der Winter schneit und der Wind
und der Wind erzählt es breit.

Das Telephon.

Tags ging das Telephon
und ich wußte schon,
den Text dazu.
Klings, ging das Telephon und
              es war vorbei
mit der Träumerei.

Der Herbst.

Der Herbst: Da fallen die Blätter
von den Bäumen,
der Herbst ist kühl.
Im Herbst weht der Wind.
Da steigt der Nebel auf.

Die Liebe.

Diese Wahrheit ist zuu
dumm, und ich geh.------
Zum Mädl: »UM SIE ZU –
          KÜSSEN.«

Der Herbst.

Die Blätter sind von den Bäumen
                    gefallen.
Und zieren nun den Boden
                    stumm.
Der Himmel ist ganz still und
                    stumm.
Der Wald ist ruhig und zufrieden.
Der Jäger pirscht sich an das Wild –
an Reh, Hirsch und Has.
Der Herbst ist eingefallen.

Über die Sprache.

Die Sprache ist die Not-
wendigkeit der Menschen
und wird zu Papier gebracht.
Ist die Sprache vollständig, so
setzt man einen Punkt hin wie
bei der österreichischen. Wien
ist der Ausgangspunkt unserer
Sprache; die ist eine Abteilung
deutsch. Wird die Sprache gesungen
und getippt, so gibt sie der
Rundfunk – durch den Sender wieder.
So meint es mein Freund Kurt Bauer.

Der Fisch

Der Fisch schwimmt im Wasser, und meidet sich
im Sommer.
Wenn der Fisch einen Hunger
hat, so beißt er sich in den
Schwanz. – Im Fisch; da lebt das
Tierlein fort. – Ist der Fisch aber
müde, so setzt er sich auf eine
Bank. Er frißt außerdem nur
Algen und Krebse. Fischt der Fischer
sich aber einen Fisch so ißt er
nur die Flossen davon, das andere wirft er in das Meer zurück. – Mit der Angelschnur

Brief

Der Winter hat Einzug gehalten;
Der Teich ist zugefroren. Die Fische
befinden sich im Haus. Die Frauen
gehen zur Arbeit, in die Wäscherei
Es ist halb acht Uhr. In der Therapie-
Stube geht auch alles an. Der Herr
Primarius kommt seine Visite ab-
halten. Der Klauser verfertigt ein
Haus. Vor einigen Tagen hat Pat.
Alexander einen Draht-Fisch gemacht. Er, der Drahtfisch, steht auf einem
Drahtständer und ruht sich ab und
zu aus. Die Weihnacht ist vorüber und
und meine Eltern werden mich bald
besuchen kommen. Es ist sehr warm
in der Stube, ein jeder bastelt. Ich,
der Briefschreiber Alexander, mache jetzt
eine Raucherpause von fünf Minuten.
Das Telefon klingelt. – Das Radio spielt
einen Marsch. Der Opitz malt ein Bild
voller Ananas. Die Krähen fliegen in der
Luft und halten die Tageswacht.
Marxinowich, ein Jugoslawe, ist sehr
fleißig an der Hobelbank. Wogegen die
Germanen um den Ruf des Tages kämpfen.
Es ist halb 9 Uhr – Wir, ich und der Ossi,
gehen das Frühstück holen.

                                    Alexander

Mein Leben

Als Kind hatte ich mich in einem Deckerl befunden. Auch einen
Wagen hatte ich wo ich geschoben wurde.
    Ein Forstadjunkt hatte für mich eine Wildente geschossen. Er
schaute mir in die Augen – Ich hatte auch einen Stoppel.
    Das Deckerl, das ich hatte, war Blau. Ich spielte mich mit einer
Trommel.
    Irgendjemant schüttete mir kaltes Wasser auf den Kopf. Da
war das die Taufe.

Ich schlief zumeist im Wagen und der stand im Hof. und er stand an der Mauer.

Die Mutter gab mir in den Wagen Milch zu trinken. Die Mutter hat mich öfters spazieren getragen. Als ich 1. Jahr alt war bekam ich einen Ball zum spielen und ein Tischerl mit zwei Stühlen. Das war mit zwei Jahren. *Als ich drei Jahre alt war bekamen wir ein Schwesterl dazu,* (aber das nur im allgemeinen).

mit 4 Jahren konnte ich schon ganz gut gehen. Ich hatte eine Gehschule.

Mein Vater sagte zu mir, bleib nur schön brav, wenn du groß bist, bist du erwachsen. Da war ich 6 Jahre alt.

der Vater war so lieb und schenkte mir acht schöne Tiere. das war mit 6 Jahren. Als ich 7 alt war, fuhr ich mit meinen Ältern nach Wien in den Schönbrunner Tiergarten. Dort sahen wir vorerst ein paar Löwen, einen Fuchs und wilde Hunde. Mein Vater meinte die Giraffen seien die schönsten Tiere, die Affen sind possierlich und Zebras im Vorgarten, und Katzen sahen wir sowie einen Orang-Utan. Dann fuhren wir zum Rathaus, Zur Votivkirche, und kehrten in das Café-Imperial ein und bestellten einen Mokka für Vater und zwei Kaffee mit drei Stk. Würfelzuk-ker -- für Mama und mich. Alsdann bekamen wir auch den Stephans-Dom zu sehen. Auffallend war der Stadt-Lärm. + der Straßenbahnen welche unentwegt klingelten. der Herr Vater sagte da der Heldenplatz und das Parlament war *ein Wort* das ich nicht verstanden habe. Das war mit 8 Jahren. --

Mit 9 Jahren hatten wir einen SchulAusflug gemacht. Er führte uns auf den Michelsberg und auf den Waschberg.-- Die liebe Sonne brannte wie im -- Süden und kehrten am Abend wieder zurück. Der Hausberg von Stockerau; heißt der Waschberg. Mit zehn Jahren trat ich zu den Pfadfindern bei. Wir hatten als Feldherrn,-- Herrn Meier. Wir fuhren alsdann in die Hauptstadt Ungarns -- nach Budapest und hatten dort ein Renentere. Ich wollte -- dies -- überhaupt weil die Thierenschaft -- Ich war bei den Tauben -- und die anderen bei den Adlern und Hirschen. was ich noch schreiben wollte. der Bannhut paßte mir gut. das war mit 11. Jahren. Dieses wäre alles worauf ich mich erinnern konnte. Das mit 11 Jahren war das schönste Erlebnis das ich hatte. -- Das 12. Lebensjahr war wirklich schön. Nun war ich schon 5 Jahre in der School und gestehe das Leben war wunderbar. Wir spielten Völkerball. Und hatte recht viel Pech dabei. Zu Hause mußte ich immer Geschirr abwaschen und für den Dessert sorgen. die School verrann wie im Blizzard. Später machte dies die Mutti selbst.

Nachmittags ging ich inn die Lähre. und lernte irgend einen Beruf. ich erlernte das Dreherhandwerk und später das Schlosserhandwerk. Kaum allein erlernte ich einige Berufe mehr. sodaß ich zehn Berufe hatte. Fleischer, Wurstmacher, Hutmacher, Bauer, Landwirt, Friseur, und noch einige mehr. Der Jägerberuf war mir neben der Fleischhauerei der Liebste Beruf. So ging das 13. Schooljahr zu Ende und das 14. Begann.

Es ging verhältnismäßig langsam vorbei. Ich begegnete vielen Lausbuben und einer davon war der Höller. Ich lernte nur sooo nebenbei. Nur zum Lebenserhalt. diese. die Aufgaben hatte ich auch gemacht, aber eben verspielt. Das Letzte Schooljahr war das böseste. Sodaß ich es sehr schwer hatte. Da kam es zur Revolte und die Silbernot brach herein. Kein Geld hatten wir nur zum Auskommen. 1 S hatte ich mir verdient. Das ging für das Fleisch auf, das wir beim Fleischhauer kauften. Mein Vater war gerade dabei, wie die Mutter einen Hasen bekam und schlachtete. Das Fell wurde abgezogen. Er schmeckte mir zu gut. Das war das 14. Lebensjahr.

Der Klassenvorstand hatte als wir das letzte Schooljahr zu Ende führten einen Plan. Einen Reiseautobus gepachtet und eine Reise in die Alpen gewagt. die wir im September starteten. Der Auszug der Schoole war mein schönstes was ich erlebt habe.!! Ernte kam. Die Heubutten standen überall. Die Lebensordnung die wir sahen, war das wunderbarste Erlebnis. Drin in der Steiermark ist es wirklich schön. der Klassenvorstand sagte nun geht es nach Osttirol. die Grenze war nah. Dann ging es über Lienz nach Landeck wo wir die Nacht verbrachten. Dann ging es per Bus weiter nach Norden – *Salzburg* – Salzburg war unser nächstes Reise-Ziel. Der Obersalzberg ging an uns vorbei. Salzburg die Hauptstadt des Landes. war wunderschön. Der Bürgermeister hat uns begrüßt und uns eine gütige Heimreise versprochen. Auch der Bürgermeister von Landeck und Lienz hatten uns frohe Ostern gewunschen ... Das war das 15. Lebensjahr.

Mit dem 16. Lebensjahr war Schulschluß. Eine Lehre bekam ich nicht. Dann studierte ich Musik, spielte Klavier bei der Frau Göschl, und zwar spielte ich bis 20. Lebensjahr. Dieses 17. Lebensjahr verging wie im Fluge. Frau Göschl ist eine liebe Frau. ich fütterte dieses Geflügel der Großmutter. Dann spielte ich wieder Klavier. Dieses war die schönste Zeit. Dann fütterte ich wieder die Hühner und den Zwerghahn samt Familie. Das war mit dem 18. Lebensjahr. Das 19. und 20. Lebensjahr war ich daheim. Ein Ausgesteuerter. Da, so ging das weiter bis zum

25. Lebensjahr. Schließlich kam ich in das psychiatrische Krankenhaus, meine Ältern waren an Allem Schuld. Diese fünfundzwanzig Jahre werde ich nie vergessen. Im psychiatrischen Krankenhaus kam ich zur Gärtnerei, wo ich bis zum fünfzigsten Lebensjahr verblieb. Hier feierte ich 25 mal die hl. Weihnachten und den Krampus mit Nikolo. Er hat mir viel gebracht neben einem Krampussackerl auch Äpfel und Orangen und Feigen waren dabei. Auch Bäckerei war mitten drin. Etwas über 18 Tage verstrichen. Das Christkind war da. Wobei ich der Niederösterreichischen Verwaltung des psychiatrischen Krankenhauses zu tiefstem Dank verpflichtet bin und war. Ich sah einen zwei Meter hohen Weihnachtsbaum. Werter Herr Direktor ich merke mir den Baum ewig, so lange ich lebe. Danke Ihnen Herr Verwalter wirklich sehr und zwar in dieser Schrift. gez.

Alexander

Der Morgen

Der Morgen ist grau,
ein neuer Sonnentag für mich.
dein Geburtstag sei willkommen,
wir alle grüßen dich.

der morgengraue Tag beginnt,
die sonne scheint von neuem auf uns nieder.
Die Leute gehn der Arbeit nach
der Morgen ist herb.

Der Morgen ist schön.
die schöne, gute Zeit senkt sich hernieder.
der Morgen ist beruhigend
der Morgen ist schwerwiegend –
wenn die Wolken ziehn.

wie Schäflein hoch am Himmel,
ziehn wir den Tag hinauf.
die Sonne scheint
nun wieder.

Der Pampf

Der Pampf ist Orangerot
dies ist das passet für ihn
Er lebt in Österreich
und frißt nur Hafer.
Der Pampf ist so groß wie ein Gimpel.
Und der Gimpel so groß wie
eine Schwalbe. Er frißt auch
nur Hafer. Sowie der Sperling
Der Pampf ist ein sehr liebes Tier
Er tut niemandem etwas zu leide
Menschen frißt er mit Vorliebe.
Musik hört er sehr gerne
Er ist ein Haustier. Er wird
in einem Käfig gehalten.
Er lebt auch in freier Natur

Objekte und Projektile

Objekte und Projektile sind Häuser, Menschen, Brotesser und
THiere. Sie sind nicht dazu da um mit ihnen Kriege zu führen
sondern um sie zu Füttern. Als Arbeiter und Bauern im Staate zu
Arbeiten und diese Arbeit dem Menschen im Staate wieder in
Geld umwandeln lassen zu Wollen. Projekte sind Stockhäuser in
der Hauptstadt bis zu 3 Stock hoch. Die Wolckenkratzer mit
25 Stöcken ragen wie Projektile in die Höhe. Das Jektil soll ein
Thier sein und werden. So will es unsere Regierung und das Volk.
Die Jektile der Menschen in die Häuser zu schießen und im
eigenen Staate den Frieden zu Sichern. Und um sie nicht dem
Feinde zu überlassen. Das schüren der Projektiele wird in den
Fabriken vernichtet. Das,!! dieses Objekt, Österreich, ist dann
der Friede. !!!!! Projektile ist mir und allen ein unbekanntes
Wort. Man findet es in keinem Buche zu lesen oder Überhaupt.
Nicht. Objekt zu sein wäre ein Würfel in der Schule zu machen
oder das Schulhaus auch. Und das *ist* die Schönheit unserer
Heimat, des Kirchenstaates und der Berge und der Täler. Auch
die Kirche wäre zu erwähnen als Projekt als Denkmal und als
Projektil. (E). Projektil heißt Verstopfung des Hinterleibes.
Aber das Projektil ist nicht bekannt. Nun zum Thema zurück.
Objekte und Projektile ist der Irrsinn Europas und der Welt, eine
Fragestellung. (die wir haben).

Die Poesie

Die Poesie ist eine mündliche Form der Prägung der Geschichte
in Zeitlupe. Die Poesie ist eine Dichtung. Der Lehrer hat uns in
der Schule gelehrt, daß Poesie eine Dichtung ist. Die Poesie ist
auch eine Abneigung zur Wirklichkeit die schwerer ist als diese.
Die Poesie ist eine Übertragung der Obrigkeit zum Schüler. Der
Schüler lernt die Poesie und das ist die Geschichte im Buche. Die
Poesie lernt man vom Tiere aus, das sich im Wald befindet.
Berühmte Geschichteschreiber sind die Gazellen.

Die Männer.

Die Männer haben ein starkes Herz.
Sie fahren in der Gesellschaft. Sie
führen sich selbst. Die Männer ver-
lieben sich schwerst. Sie weisen das
Leben ab. Sie haben auch einen starken
Bart. Die Männer sind müde. Sie ras-
ieren sich lieber mit einem
Philishave 3m. Die Männer haben
keinen Feind.

Die Frauen.

Die Frauen, die sind hübsch. Die
Frauen haben gute Ohren, und
sehen sehr gut. Die Frauen sind nicht
so dumm. Die Frauen ärgern sich.
Die Frauen freuen sich über
eine jede Kleinigkeit. Sie haben
mehr Charme. Und sie giften sich
auch mehr als die Männer.
Die Frauen überstürzen sich nicht,
sie arbeiten.

Der Mund.

Nicht jeder Mensch hat einen Mund
mancher Mund ist disqualifiziert
oder operiert. So wie bei mir
der Arzt sagt jeder Mensch hat
einen Mund. der Mund ist
besonders zum essen da. Der Mund
besteht aus der Oberlippe und der
Unterlippe, dem Nachen und dem
Zapferl. Den Zähnen am Oberkiefer
und auch am Unterkiefer. Die halbe
Nase gehört auch zum Mund. Ebenso
die beiden Ohrlappen und der Zeigefinger wenn man ihn in den Mund gesteckt
hat.

Die Blumen.

Es gibt schöne Blumen, weniger
schöne. Sie werden vom Gärtner
gezogen und verkauft. Von dort
kommen sie entweder in die
Vase oder sie werden auf das Grab
gelegt oder gesetzt. Es gibt herzige
so wie die Stiefmütterchen aussehen und
tierähnliche Blumen so wie die Frosch-
quarker Blumen aussehen. Die Rosen
gehören eben zu den Rosen. Und die
Tulpen eben zu den Tulpen.

Die Kirche

Die Kirche ist nur am Sonntag
offen für die betenden Katholiken.
Der Herrgott dankt für jede
ihm zuteil werdende Messe. Das hlg.
Sakrament der Taufe, der Buße ist
den hlg. Katholiken eigen. Der Herr
Pfarrer amtiert und liest am Sonn-

tag die hlg. Messe. Auch am Feiertag wird die hlg. Messe gelesen.
Und die Kirche dankt jedem Katholiken, daß sie zur hlg. Messe gekommen sind.

Die Frau

Die Frau ist das Bindeglied unter
uns Menschen. Sie weiß überall und
besser bescheid. Sie kann schön singen.
Und im Gebirge kann sie jodeln
wie ein Vogel. Sie ist Ihrem Manne
treu, und sie kann schöne Kinder
machen. Die ihr brav zur Seite stehen –

Das Vaterland.

   Wenn das Vaterland nicht wär,
wären wir arm. Das Vaterland ist
gut . .

Die Muttersprache

Die Muttersprache ist schön und
hold. Sie ist gut und barsch.
Ich werde das nicht vergessen.
Das ist viel zu wenig. Eins fürs
anderemal. Liebe die herrliche
Liebe Du. bist so hübsch.

Der Hase!!!!

Der Hase ist ein kühnes Tier!
Er läuft bis ihm die Strappen
fassen. Die Ohren spitzgestellt; er
lauscht! Für ihn – – – – ist keine Zeit
zum rasten. Lauf läuft läuft.
armer Hase!

Das blaue Gedicht.

Es regnet finster minder her
Die Wolken ziehen wie sonst umher
Der Dichter will die Lyrik nicht.
umsonst der Mut und das Geschick.

Patient und *Dichter !*

Der = Mann bricht loh sein treues Herz.
   Der Patient verdirbt in Ihm! –
Der Tod bricht ein; vorrüber alle Ehr!
Halunkenschuft, Du Hund verdirb.
                    und stirb!!!
                                        Z.

Ich – Du

Meine lieben LAndsleute.
Ir braucht keine Axt mehr
                              heben.
Das Land verreckt *und Du.*

Der Künstler ruft!*
Die Ausstellung Frei

Gehet hin und wecket alle Künstler
Damit die Ausstellung einen Wert hat.
Der Untergang der oder Dieses Planet Sonne
ist für diese Ausstellung gerieben.
sie sollen uns helfen Die Ausstellung zu rieten oder zu reiten.
sie so zu unterstützen und zu melden. Wir Kommen alle.

* Von Alexander auf Wunsch für die Ausstellung künstlerischer Arbeiten aus
unserem Krankenhaus, die 1970 in der Wiener Galerie nächst St. Stephan statt-
fand, geschrieben.

Zur Ausstellung künstlerischer Arbeiten aus unserem Krankenhaus in der Galerie nächst St. Stephan:

Gewahrsam dass die Kunst wirkliche Kunst ist.

Ich kenne folgende Arten von Kunst:

1. Das Rätzelauflösen – vor Allem Fremdsprachen.
2. Die Sprachkunst –
3. Das Klavierspielen –
4. Das Harmonikaspielen –
5. Das Zitherspielen –
6. Die Kochkunst –
7. Die Malkunst –
8. Die Messerwerferkunst –
9. Die Buchdruckerkunst –
10. Die Sangeskunst –.
11. Die Glasbläserkunst. –
12. Die Baukunst. –

1. Die Gladiolenkunst. – Auch Zeichenkunst genannt!
2.

10 Lebensregeln

1. Lebensregel:
   Ich soll ordentlich essen und nicht faulenzen.
   Auch wenn mich ein Kamerad ansieht ihm keine Ehre zukommen lassen.
2. Lebensregel:
   Ich werde keinem Juden gehorchen auch wenn er mich verfilzt. Ich soll weniger arbeiten und noch mehr verdauen. Auch wenn ich mich auf dem Abort befinde sofort einkehrhalten. Keinem Lümmel trotzen.
3. Lebensregel:
   Wenn er dengt so ruhe ich.
   Und wenn er hault so reisse ich mir einen ab.
4. Lebensregel:
   Einem Prüller scheisse ich was.
   Dieser Lümmel kann verenden.

5. Lebensregel:
   Fertig–
6. Lebensregel:
   Fertig.
7. Lebensregel:
   Fertig.
8. Lebensregel:
   Fertig.
9. Lebensregel:
   Fertig.
10. Lebensregel:
    Ende hui alles pfui!

Die 7 Todsünden

1. Todsünde:
   Nicht stehlenrauchen – nicht hustenschmauchen –

2. Todsünde:
   nicht hustenreden– und nicht ziehen lärmen
   nicht schmähenreden–oder dabei lächeln –
   und nicht drein reden.
   besser heilen als hehlen,–
   ich soll nicht weinen.–
   ich soll Vatre und Muttre nicht erhören.

3. Todsünde:
   Ich soll Lieserl und Hilsinger Mollen oder Lieben.–
   nicht wahr. Ich soll beten lernen und heilen.

4. Todsünde:
   Ich soll nicht hüpfen in die Judenschar (Timpel)
   Sieg Heil.

5. Todsünde:
   Pfui Teifel wenn ich dass Hauss verrate und Schmähe.
   Mein Haus, meine Währung und mein Löben.
   Meine Wähnung ist mein heiligstes jut.

6. Todsünde:
   ein heil jeder Bestie.–– –/
   Bei der miauenden Schausau ist alles beim Arsch. (fuchs).

7. Todsünde:
   Leck mi in oasch schreit die Schausau daher.
   Mag da Schneider.

Einige Tips für ein langes Leben.

1. Rechtzeitig heiraten.
2. Regelmäßig in die Kirche gehen.
3. Eine kleine Kinderschar bekommen.
4. Nicht viel streiten und ebensowenig trinken.
5. Vater und Mutter ehren.
6. Nicht überanstrengen, aber doch Geld verdienen.
7. Die ganze Wahrheit sagen und nicht lügen.
8. Das liebe Geld zählen, bevor man es ausgibt.
9. Nicht weinen, mehr lachen.
10. Man soll das Essen verspeisen,
    nicht fressen.

Sonntag.

Sonntag ist. Ist halb so schwer
auch Samstags scheint ka Sonn
                      net her.
Sonntag ist der siebente Tag
der Woche. Es ist ein Euer
                      Tag.

Der Reiter.

Der Reithar ist ein immer guter
                      Mensch.
Er ist nett zu seinen Artgenossen
                  und sonstigen
                      Leuten.
Auf eine werte Frage, bekommt
man immer eine gute Antwort
Ein Reiter hat viel schärfere Augen
Als andere Männer. Ein Reiter
Er ist hünisch, und nervig kürzer

gebaut. Somit ist das Reiten für
ihn ein Sport. Reiter ihih.

Die Dame ohne Unterleib.

Afrika, Italien, gleicht einer Dame
ohne Unterleib. Das ist der Tod
in Südafrika. Es ist dies eine
Sünde solch etwas zu tun. Die
Dame ohne Unterleib ist die Liebe
in Berlin. Die Dame ohne Unterleib das ist die große Sünd,
holari, holaro, holaria holaro.
Die Dame ohne Unterleib ist eine
schöne Frau als Statue.

DER EINZELLNE UND DIE GESELLSCHAFT
10 Thesen

1. Der Einzellne ist meistens allein, und wenn er sich in Gesellschaft befindet, ist er Gesellschaftler.
2. Er trinkt gerne Wein und Bier und Coca-Cola, und das sehr
   gerne, und wenn, dann ist er eingeladen.
3. Er ist ein Zeitvertreiber und spricht auch etwas viel. und das
   sehr gut. und mit dem Tanzen ist es mit ihm schlecht bestellt.
4. Ein Affe ist auch ein Einzellner. Wenn er sich auf dem Baum
   befindet, ist er meistens allein. Er sucht sich mehrere Affen,
   dann ist er nicht mehr allein im heißen Afrika.
5. Der Einzellne hat schon ein Auto und gründet eine Familie,
   eine Gesellschaft. er verdient und kauft sich bessere Sorten
   Zigaretten.
6. Ein schöner Hase ist meistens der Einzellne. Er sucht sich
   einen Anhang, eine Familie. Bis sie im Herbst erschossen
   werden.
7. Die Gesellschaft ist im Gasthaus oder in einem Wirtshaus
   anzutreffen.
8. Die Schnapser bilden auch eine Gesellschaft, ein Blatt sozu-
   sagen. Sie spielen von 24 herunter nach Bummerln. Und wer
   gewinnt, der hat sie.
9. Der Einzellne ist auch ein Elefant, er geht auch in einer

Gesellschaft und ziehen in Rudeln gemeinsam. Der Einzellne wird meistens abgeschossen.

10. Der Einzellne ist auch ein Hecht. und wenn er raubt, dann in einer Gesellschaft. Er wird gerne gegessen von einer Gesellschaft. Bei einer Hochzeit und so. Und auch wenn der Einzellne Geburtstag hat. Der Einzellne ist ein Weihnachtsbaum, er steht im Walde.

Der Schimpanse

Der Schimpanse lebt auf der ganzen Welt. Er ist groß und behaart. Er isst inseit. Er geht wenig spaziren. Er liebt nur einmal. Der Schimpanse betet sehr viel. Im Schimpansen leben viele Tiere. Der Schimpanse ist klein.

Wörter, die mir einfallen:

datzmanndorf. alle wörter mit dorf sind wörter, die eingefallen sind. zum beispiel. alle wörter die von stadt hereinfallen sind wörther die im gebrauch sind. bei den ortschaften bleibt es sich gleich.

Hubano Herodek, Förstenmeier, Förstenhofer, Glitscherer, Braupar, Eichberger, Schusternar, Brisenpichler, Taschneckar, Steinarchner, Eichengrabner. Jollinger, Schirmbeckner, Weichenpuchfik, Neumann, QEllenhofer, Dollinger, Ruhbasch, Fellner, Heidl, Heidt, Herbeck, Nurmannshofer, Lewisch, Bussard Vogt, Vogel, Zierkuller, Lederer, Doffermann, Liendtner, Lehar, Hardtmann, Nurmanowitsch, Schill, Fikar, Schiller, Lendtner, Hitler, Meidlberger, Meixner, Hirtt, Theurer, Feuerstein, Tschk, Dobermanns dorf, Hagelbrunner, Dischsch, Tier, Mann, Muhm, Adolf, Oggenberger, Göschl, Herr, Schreiber, Seidl, Wanzenhauser, Rerich, Kleiner, Ar, Ringer, Schmidtl, Scherer, Saubert, Tellinger, Fettl, Zettel, Hirsch Allein, Deringer, Dörner, Österreicher, Lendtner Deurer, Ernst Heldentum, Mir, Mich, Deiner, Mein, Dich, Löschl, HAuer, Uridil, Ernest, Petermann, Leiser, Hühner, Bär, Barbar, Nenke, Schmidt, Guselbauer, Kü, Kusel, Kühnel, Wallner, Pförtner, Dau, Dangl, Berger, Huber, Meidaneg, Schuschnigg, GER, Ring, Gerer, Gerstl, Gernegross, Rudi, Rudolf, Lehner, P, Pfeiler, H, Hermann, Lenz, Sailner, König, Dörere Prückler, Ignaz, Ich, Riederer, Peck, Pöschl,

Wörter, die mir Einfallen.

Sind froh windig kalt alt winseln fasten weinen lieben der wintig
Winter Föhre Imker Wald Buch Weizzen klein Schnee Basst
Paaris Hauptort Eisenbahn Abend Köpfeln Sport treiben beten
Küken Entelein Hamel Staub abends unter Sonne die Diesel Öl
krank. Anstalten nehmen Kirche Maschinen gesellig Sie sieden
richen Nase Naht Lederhose London Schar Bock Haare Boot fort
sozial reden der morgens innerhalb Bauch Kir Radio Banane Ute
Dose Fisch Schiff Orange orangerot General + Orang Utan
+ . rechnen Schwein ernstlich gib geben Affe sehr Serum warm
Bauch schneen schneiben immer obenauf Kuchen Gott. Fähre
Donau Mutter Mütterlein fremd sprechen Tetschen nah und
Leute Fluss Froh schielen Ungarn form Pferd entnehmen Der
Wasser Brunn Gebirge Alpen Alpona Wien Bindobona Italien
Geben ihm ein emsel Statt Amerika Rotlicht Das essen Eulen mit
gut Käfig Gitter Dom borgen Futteral, Spiegel schön ist Eltern
sitzt bienenhonigleimperjak Jamaika Süden Thron, Mai Appends
sieben Uhr Uhrzeit Wienerwald Reich Öster maienlob Mädchen
Wasser mit dir Hase Weltenweit Unterschied Gongschlag Luft
Brize Bäcker Semmel Wienterwurst F,fleischig leiden Holz Mit-
tagsonne kurzweilig Peilen spienen Sprechen Hören Gehen Brize
Totalität kichern frei C. Schilling Geld und Quartier kost Milch-
milchig schweinisch pferdlicht nusch nass gillerwein Nase Öffne
Ofen öffnen Ofenloch Koks Nächstenliebe nie niemals nicht mein
weinen sicheln Gras grün sparen + Kohlen schwer schwürig Stein
weg, Weg Förster genen genau genau ORT Lire not in im immer-
hin sprechen besuchen gleiche Augen Dummkopf biete Handerl
Handel kramer Hund Rot Weiß Rot HAUPTSTADT Botschaft
Ortschaft innerhalb von AUSTria (ÖSTERREICH) vom Gebiet
meilenweit Foch warum ähnlichkeit SCHWEIZ mit der Schweiz,
Buddha klein kein weltlich von Eis und Schnee hohl anders
erhalten gilt, Kleinigkeit etwas mehr Meer Atlas Lire Lire Hohnig
hh hh Bienenhonig imker Indo Indio KK Karneval vv Inkas
Grüne Grenze Etwas LeidlicH Weihe Weihrauch Bei Beistrich
Försterhaus Graz Graz Graz Steiermark Kärnten Oberösterreich
Niederösterreich Burgenland Wien, Tirol, Vorarlberg gggggg
Kommissionsgesellschaft schreiben schreinen waschen Seife
schreien Frömmigkeit Pfarre Pfarrer Thorkel Gothen, (GERMA-
NEN) BerinLger Bring mit mir in die grüne Wachau und träume
von liebe grasig Käse Rolle Maidl Senne erin Blodan Blache Regen
Regenbogen 5er. – 4er 3e-r 2er 1ser

Hoch den Feiertag und
die Torte mit feinen
Nüssen hier und das Häm-
mern diese Blumen.

Der Bleistift zählt die Zeilen
eurer Lieder. Die Sonne steht
am Himmelszelt.

Gedanke

Stolz wie immer in dem Land,
starb auch ich fürs Vaterland.

Ich habe eine kleine Tra-
                    verse
früh um inn einer Sod.

In die Au hinein so soll
es auch sein bis der
Mann im Mond aufgeht.

Das Ewige Schreiben.

Die Erde, der Vulkan und das summen der Bienen sind das ewige Schreiben
auch der Zugvögel. Das vibrieren der
Ameisen.

Ein bisserl aufpassen. und
langsam scheiden. So ist.
das möchte ich haben. Ja
so schneiden.

Der Tisch ist für Mittag
Der Esstisch für die ganze
                    Familie.

Der Sessel ist zum
sitzen da und dient
zum essen für die
die ganze Familie.

Das Marillenglas
ist für die ganze
Familie hier. Und
wird meistenteils
auf den Kasten gestellt.

Der Ofen ist ein
Wärmespender für
den Winter bestimmt.
Er dient der ganzen Familie.

Fröhliche Wörter:

Lustig, immerhin, sogar, tun, arbeiten, trinken, rauchen, rauben,
singen,

Der Holzfäller hackt Holz.
Er geht tief in den Wald.
Es sind ihrer viere.

WAS MAN AUF DER ABTEILUNG SOO HÖRT

Lege mich in aARSCH sagt ein jeder Pfleger zu mir. Beim Pulver
ausgeben. Und mehr denkgar sagt der Herr N. Und beim Ab-
schied nehmen am Abend. In aller Öffentlichkeit das hat mir sehr
leid getan. Waun er Mir A Watschn gibt Herr Primar-DAS tut
mir sehr LEID. Auf jeden Fall. ES tat mir sehr weh in den Ohren
und in den Augen, es tat mir sehr weh. Der Herr K hat es auch
gehört. Und seit dem habe ich keine Ruhe. Der Herr St ist überhaupt abneigend gegen mich eingest und schimpft mich ausseror-

dentlicha Traumbell. Ich will mit mit ihm nix mehr zu tun haben.
Er bildet sich Ein ich schustere. soo ein Idiot. Herr Primar!
Können sie mich Von dieser Weltanschauung befreien?? Ich will
von dieser Rasse Nichts mehr hören. ORSCHLOCH – sagt er
auch.

Der erste Mai.

Der erste Mai ist ein inter-
nationaler Feiertag. Überrall
in der Welt wird der erste Mai
als Staatsfeiertag gefeiert. Es
werden Umzüge abgehalten.
Die Fahnen werden ausgesteckt.
aus lauter Freude über das
Wohlbefinden der Regierung
und des ganzen Volkes. Es
ist der Tag der Freude deshalb weil der Frühling er-
wacht und der Sommer kom-
mt. Am 1. Mai ist es noch recht
kalt. In Grönland wird der
1. Mai im Iglo gefeiert. Und
in Österreich zu Hause und
auf der Straße. DER erste Mai
ist sehr beliebt, weil nicht ge-
arbeitet wird.

Maiglöckchen.

Die Maiglöckchen sind bei mir
diebische Blumen, sie haben keine
Zähne wie die anderen Blumen; und
kommen im Mai zur Welt. Sie sind
mit den Himmelschlüssen verwandt.

Die lieben Leute sammeln diese Blumen
und verkaufen sie wieder an die Pfad-
finder und an die BlumenliebHaber. sowie auch an andere Mädeln oder
Buben weiter.

Die Maiglöckchen sind derart von
Kräften, da sie auch die Pferde und
die Kühe sehr gerne sehen und lieb
haben. Die blöden von den Buben haben
kein derartiges Interesse an den Blumen
und werfen sie einfAch weg.

Ausführliche Beschimpfung der
hiesigen Anstalt, der Patienten,
des Pflegepersonals, der Ärzte,
durch Alexander.

Leo der XIII. leck mich in Orsch und
dradie von mir ich will dich
nicht mehr sehen und bemüßen.
den ihr alle die mich kennen
sind mir viel zu blöd und
dradie wieder. Ehr der Herr
Arzt Dr. N. Navratil, kann
es ganz besonders für. Ehr der
Herr. N.H. und der Herr
N.W. als Pfleger und noch
viel mehr, die die deutsche
Sprache nicht beherrschen in einfacher Notwendigkeit be-
müßigen dies armen Teufel
mit Begleitung von Sprechern
im Radar in einfacher und
schwerster ART. Führer ich mag
dinimmer den du bis mir viel zu
deppart. Bei deinen Reden spülst
dich mit der Nudel. Und stest mit
den Kindern umanand. Der hlg. Jo-
hannes sowie der Herr Pfleger N.
der mir mein Geld sperrt. Ich
habe mit diesen hundert Schilling-
en genug, ich danke Herr Primarius.
Da ich sehr viel zum rauchen br-
auche. Herr Primarius möchte gerne
Betten bauen; bringe das allerdings nicht zusammen weil

ich sehr viel hungere und
durch die Inwohner innerseits
durste. Der Herr Pfleger G. hat
mich derart auf die Augen
gehaut wodurch ich heute noch
liebe. Maschineschreiben kann
ich jetzt nur nicht mehr wie
früher. Ich bin sehr gehemmt
und körperlich auch. Diese
Probe mit den Tabletten hilft mir
auch nichts; Es ist alles vielzu-
sehr umsonst. Ich bin in der Not.
Der Herr N. schaut auf
mich wie wenn er böse wäre.
und der Herr H. schreit
soviel, daß ich von hier aus
nicht weiter komme. Ich male
wieder.

Rauchen.

Das Rauchen ist für mich eine Ange-
wohnheit. Ich hatte nur Austria 3.
bei mir. Ich rauchte ununterbrochen.
Hatte Feuer bei mir. Und schluchzte
wie ein kleines Kind wenn ich
nichts habe.

Mein liebes Ich.

Ich halte sehr viel Wert auf das Essen.
bei mir kostet es nicht viel. Meine Mama
kochte mir alles. Ich aß sehr viele
Knödel. Zwetschken, Marillen. So
wie mein Artzt es mir vorschrieb.

Der Fotoapparat.

Der Fotoapparat lag in meiner Nähe ich
marschierte zum Puchberg. dort er-

holte ich mich gut und nahm in auf.
Er gefiel mir äusserst gut. Bitte
geben sie ihm her. Damit ich fotogra-
phieren kann. Das Drachensteigen lag
in der Luft. Und als ich das Feuer
ausmachte hatte ich gegessen.

Mein Herz.

Mein Herz schlug bis auf den heutigen
Tag wirklich normal. Die Schrift war
kurrent. Der Zaun war hoch die Tigerin war rot.
vor Wut. Die Kaserne lag in meiner Nähe.
Das Herz schlug warm. Das Blut lag
in den Adern.

Meine Kindheit.

Ich wohnte in Stockerau und sprach von einer Kleinigkeit. Da
flog ich raus, aus dem Haus. Meine Großmutter weinte. da flog
ich unterhalb des Sees und konnte nicht mehr weiter. Eine Dame
ließ mich stehn. Untergang war mir angenehm.

Das Auge.

Das Auge ist blau. blutig blau. Das
Kreuz am Berg war genau blutig.
so wie das A. bei dem ich mit
meinem Kindl reinflog. um zu essen.
Das Auge ist himmelblau. Das Essen
einer Birne schmeckte mir gut.
Meinem Kindl gab ich überraschend ein
schönes Stück. Ein Player holte mich
raus. Es war mir unangenehm. Weil ich
hungerte. Dann flog ich nach Gugging
wo ich bis auf dem heutigen Tage verblieb.

Das Geld.

Ich hatte immer etwas Geld bei
mir. Meistens kaufte ich mir zu
trinken. Es kostete zirka 5 S 40 Groschen
Einen Hunderter hatte ich immer
bei mir.

Zwanzig Ratschläge für Ärzte.

1. Man soll keine Gedichter schreiben.
2. Man soll keinen Kinderglauben führen.
3. Man soll keinen Grund dafür angeben,
   daß man nichts kann.
4. Man soll nicht schießen lassen.
5. Man soll keine Trauben pflücken lassen.
6. Man soll keinen Wein und keinen
   Rollmops essen.
7. Man soll jeder Frau ihren Vorrang
   lassen.
8. Man soll keinen Pfadfinderhut austauschen.
9. Man soll keineswegs vorher Ratschläge
   erteilen.
10. Man soll keine Brief und Annoncen
    schreiben.
11. Man soll vorher grüßen und nachher beten.
12. Man soll nicht gegen das Licht schauen.
13. Man soll Unfug dessen einer Frau einen
    Vorrang lassen nicht glauben.
14. Man soll Patienten keinen Most zu trinken
    geben.
15. Man soll keine harten Eier essen. Wegen
    der Verdauung.
16. Man soll keinen Stiegenlauf hinauftreppen.
17. Man soll im Zeichen der Freundschaft
    nicht den Hut vorher abnehmen.
18. Man soll beim telephonieren vorher den Mund
    halten oder lähmen.
19. Man soll die Schmetterlinge nicht aus-
    lassen.
20. Man soll die Zähne nicht vergellen.

Fünf Ratschläge für Patienten.

1. Man soll nicht weh tun.
2. Man soll Vater und Mutter ehren.
3. Man soll keine Kinder kriegen.
4. Man soll sparen und ausgeben.
5. Man soll wirklich in keine Trafik gehen
   und Zigaretten holen.

Die Vorbereitung zur
Ausstellung.

An der Wand hängen Reliefs. Der Korec
tut Bilder malen. Auch ich schreibe.
Im Radio Verlautbarungen und
Pegelstände.

Eine Aufschrift in der Anstalt lautet:

Wildernde Hunde werden auf
der Stelle erschossen.

Der Titel meines übernächsten Romans:

Den Boxer den ich nicht lieben Wilma.

Ich möchte in einer Senfte getragen werden.

Ich habe die ere gesagt und möchte
nach Retz. Das es mir nicht weh tut.
Nach dem Übermut in Gugging tut
daß ich in einer Senfte getragen
werden kann. Der Herr Pfarrer hat
mir zu gesagt das das Programm
gut verläuft und ich bald weg-
komme. Die Pflicht hierzubleiben
ist für mich zu Ende. Mutter und
Vater stimmen zu. Weil wir ver-
siedeln, verziehen.

Die bösen Mädchen.

Eine Bösartigkeit Sonder-
gleichen. So eine
Sauerei. Sie schlagen
mich immer Sie be-
drohen mich mit dem
Messer. Überhaupt
Die Mager mag
ich nicht mehr. Sie be-
drohen mich mit dem
Schwert.

Zehn Wörter die
    mir einfallen.

Geographie
Zigarrette
Herr
Lehrer
Mutter
Kinderheim
Bleistift
Feder
Feuer
Rauch

Im Mai 1973 gab ich Alexander ein Schulheft und bat ihn, ein paar Tage lang alles, was er im Krankenhaus lesen und hören würde und was ihm auffiele, in das Heft einzutragen. Ich vergaß dann meinen Wunsch und fragte Alexander erst einige Zeit später nach dem Heft und seinen Aufzeichnungen. Er brachte sie mir. Auf der ersten Seite stand das folgende (S. 118). Von der dritten Seite an kamen aber nur mehr schwer lesbare Eintragungen einzelner Worte, vor allem Schimpfworte, wie »Hurenbua«, »Tepperts Mandl«, »Depp«, »Neidhammel« und obszöner Worte, wie »Fut«, »Orschlöcher« und auch nicht anstößiger Worte, wie »Meile«, »Doktor«, »Regierung«, »Österreich«, sowie englischer Ausdrücke, alles in verschiedenen Schriftarten, ziemlich groß und durcheinander, von Unterschriften, Schnörkeln, Zeichen und auch kleinen Zeichnungen durchsetzt (S. 119–125). Die graphische Eruption deutete auf ein ziemlich akutes Aufflackern der Psychose hin. Alexander enthielt sich eines Kommentars.

Im psychiatrischen Krankenhaus gelesenes und gehörtes

Im Mai 1973
von Alexander

   Ein Sprite willst
drück an. Hier ist nur ein
Fanta drin. bist du
auch gekommen Ernstl
hast ein Durst an Tee
kum e gleich wieder.
Versprochen und gehalten
Nach drei Jahren Regierung
geht es uns besser. SPÖ
Sicherheit und eine gute
Zukunft. Morgen ist Vater-
tag. Die Mutti kommt
La la la La la la la, bald
ist Nikolaus Abend da.
A 749363 N
Johann Mohr. Er weiß wo
der Schuh drückt. Danke schön
danke schön Danke für
die Blumen. Alles ist wieder schön
33.45 von wo bist Du?
vom 3 oder am 2. vom 2.
Typen Sindel alles wird er – Blut
schossen. Am 2rer is e besser wie
am 3er. Dackel Backhendl

Alexander
Euch
Liebe
Anita

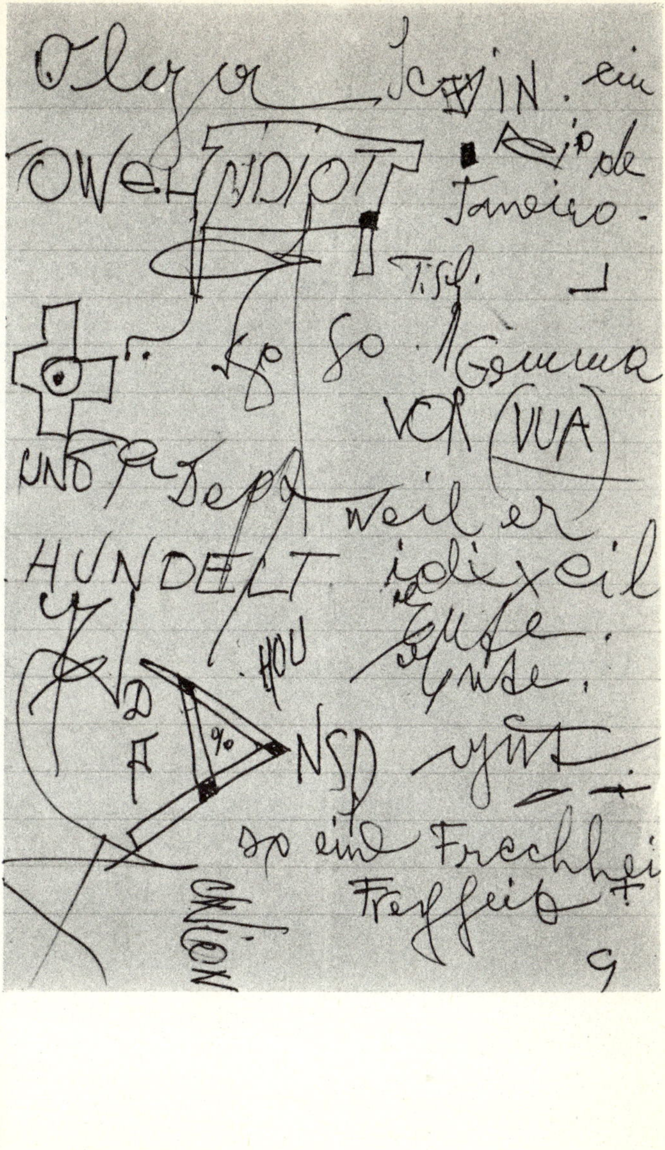
de
Janeiro.
VOR
VUA
UND
weil er
HUNDELT
HOU
NSD
so eine Frechhei

bb. 66 schön legmi
HABENS schon sa was
gesehen. KLASSE. SA
saele a San rifici
A.F.R.I.K.A.A.   Dregsand. C.

simojerg   Priffe Are

CLN|4.H.Γ|Z 45   Toni
bleede Dau Reipochiene ies.ss.
                         A.S.
          lach der Welt.
                    CHEA

OFF.
beginnen EIV ojn. porphön.

ABSCH. + R.L.P.
kolonie ü. G. EHRE
REICH. faul. gut

NSI lewisch.
ODER

GroßDeutsche reich -iu
Bd. FAHNE
geben.

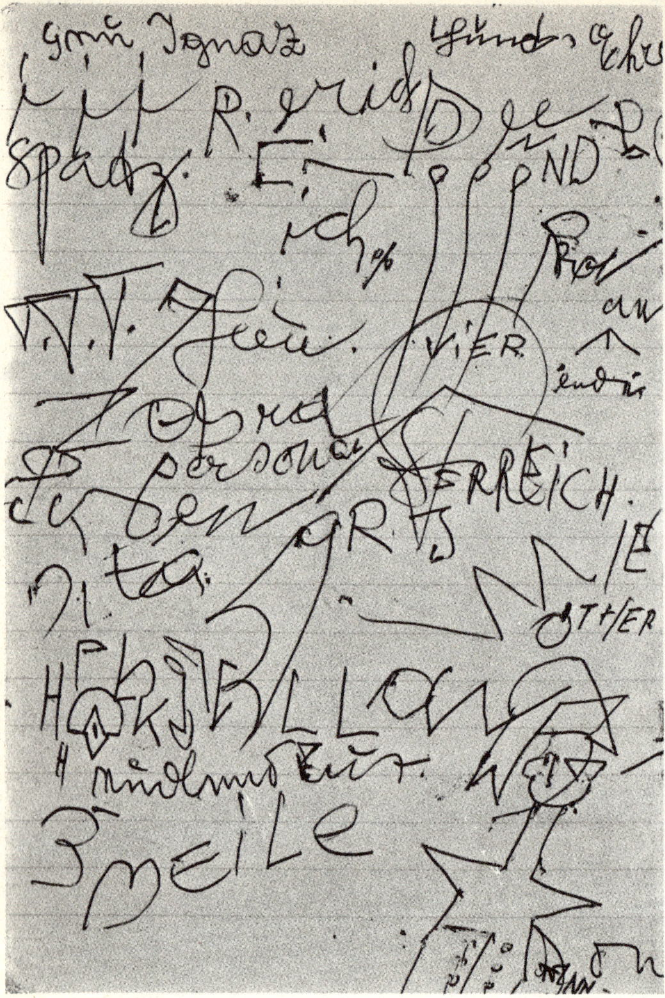
Ignaz
ND
VIER.
ERREICH.

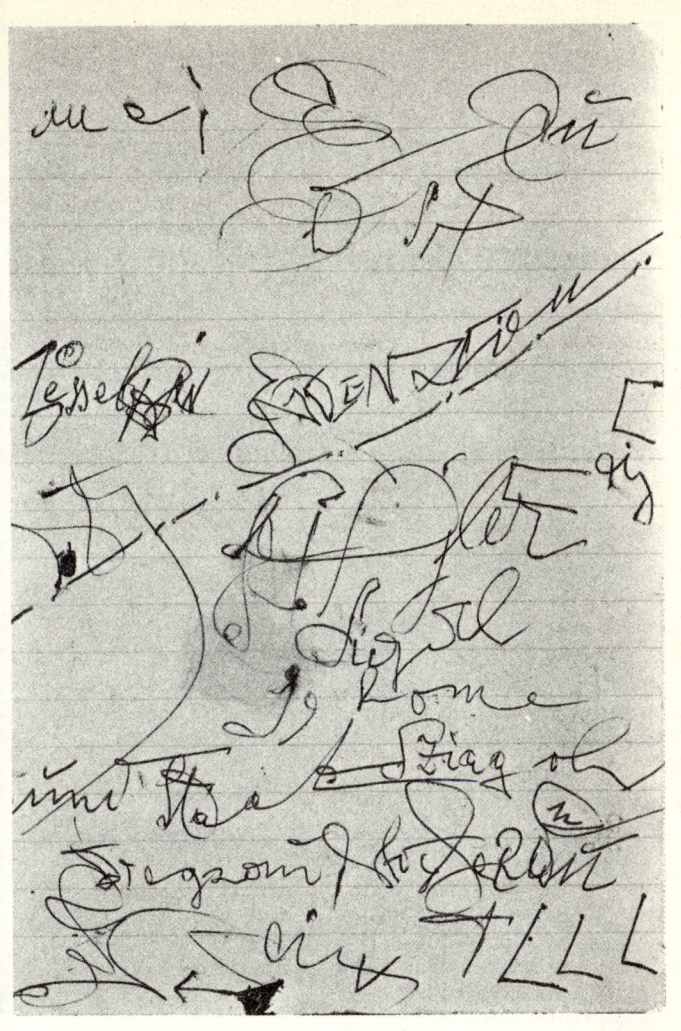

Ein Gedicht.

Kommt ein Vogel geflogen
setzt sich nieder auf mein Fuß
hat ein Brieflein im Schnabel
von der Mutter einen Gruß.

Sprachlosigkeit.

Sprachlosigkeit kommt vom vielen
studieren in der Schule. Allerdings
betrifft es einen Anderen Schüler.
Mancher Schüler lernt sehr gut.
Der Herr Lehrer hat eine helle
Freude mit ihm. Er bekommt einen
                    Einser.

Sommerregen!

Einen Sommerregen gibt es nur in Afrika in
Österreich. Ist ein Genuß für die Donau-Liebhaber.
Ist sehr, sehr lieblich warm. In der Donau bade ich
sehr gerne. Ist aber ein Strom von enormer Kälte.
Ein Golfstrom.

Ein Erlebnis

Das war 25. September 1938
Es war der Einmarsch Hi-
tlers nach Österreich nach
Wien. Wir fuhren mit
einem Laster hinein und
sahen Hitler und die beg-
eisterte Wienerstadt.
Reichskanzler Ad. Hitler
hielt eine Rede in der Er
sagte: Wir, die Deutschen und
ich werden den Wienern und
Österreichern helfen und

Euch Arbeit verschaffen. Es
war das Erlebnis meines
Lebens.

Mein Vater!!!!!

Mein Vater war ein begeisterter
Sportler; ein Fußballer und ein
Gewichtheber. Er hat als Soldat
unter Kaiser Franz Josef gedient.
Er hat alle Tapherkeitsauszeichn-
ungen erhalten und den ersten
Weltkrieg mitgemacht; wurde
im Jahre eintausendneunhundert-
undfünfzehn verwundet und
wurde in das allgemeine Krankenhaus eingeliefert. September war.
es, wieder entlassen, ein Monat:
lang ... –

Der Tod.

Der Tod ist ein english-deutsches Wort –
und heißt Verdun – Tod selbst ist
ein eigentliches Fremdwort ausgedrückt
in Friedhof – Freudenhof in Namen
ausgedrückt und zu Stein geworden.
sagen kann man dies nicht ein
Fremdwort wird jeweils gedruckt oder
gemesselt .. – das heisst mit Tinte und
mit Feder. Heisst dreisilbriger Abstand
zum Innerartigen F.N.G. Namen. Vor u. zu.
                    Name .– – – –

Meine Freunde, die hier in der
        Anstalt sind.
                und über diese, ein
                        Wort! –

Als ich von daheim nach Gugging eingeliefert wurde fand
ich viele sehr viele Freunde
von altersher vor. z. B. Cinczala
Schöpke und viele mehr – " –
ist alsbald ich einige Zeit hier
war, nach Hause gegangen.
Die Freundschaft ist marinäres
Bekennungswort. Von Schiff zu
Schiff – von Kapitän zu Kapitän.

Lied an den Mond!

Ist meistens stummer Minnesang. von den
Mondfahrern gesungen. Heist eigentlich
Arbeitsvorgang in einer Fa. in Wien
oder Stockerau der Fa. Vogel mehr weiß
ich nicht. Lied an den Mond – das ist von
den Insekten gesummt.

Ein Drinklied!

Drink ist ein engl. Wort und heißt auf
gut deutsch trinken.

        – – –

Das trinken ist des Müllers Lust.
Das trinken. Wir trinken Samt und
Zeit und eine vier-tel glas of wein.
Das alles soll des Müllers sein. Das
alles soll des Müllers sein, das alles.–
Und wenn sie sich nixen, dann ist der
Wein in seiner Brust, der Wein! –

Schimpfwörter,
die ich gerne verwende!

Auralische Sau, Trottel, Schwein,
Ideologischer Dep, Saudioff, Einiges
Oschloch, Russischer Saunipfel, Hund,
Europäischer Krimidepp, Drecksau –
Off.

Der Erfolg.

Der Erfolg blib nicht aus. Es werden die
Künstler wie Semmeln gebacken. Preis
6 gr. Alexander. Bäcker. ENDE.–.–.–

Nachtgeräusche!!

Gründung einer Altesse. Dieter
meint ein Bildniss als Grundlage.
Darstellung eines Theathers. Der Besuch
eines Kinos eine Ernennung
Des Filmes. Ausserstande einer Besserung
der Synthese Festellung der Therapie.

Die Nebelkuh!

Die Nebelkuh, sagte man damals im
Altertum, zu den nahmhaften Gedichten, die so damals gedichtet haben
wurden. Sehr früh zu damals gedichtet
vom Dichter Alexander, Rober-Roger.
Nebelkuh war gänzlicher Verkauf
und das Ende des Gedichtes. Wie heute.
Nebelkuh wurde intim in Musik-
noten gesamt aufnotiert zur Musik
gemacht und durch Sprecher ver-
ewigt.

Autobekennungszeichen für Österreich,
auch im Altertum / A /

Jetzt ist es Herbst.

Eigentümliche Vorgeschichte Sommer den
wir haben. Tja und der Herbst kommt hernach. Die Blätter flögen von
den Bäumen und der Wind weht.
Die Erde bereitet sich auf den Winter vor
Es fiele weißer Schnee. Das Rodeln
und Schlittschuhlaufen began.

Der Schwan!
(nach Rainer Maria Rilke)
            und die Blume!

Er schrak zusammen, der Schwan
doch die Seerose regte ihn wieder
auf.
Unsere Mutter sagte einst, daß sie einst
sehr Tierliebend gewesen war.
Der Schwan war groß und wog: 55 kg
Lebendgewicht.

Das Original:

Diese Mühsal, durch noch Ungetanes
schwer und wie gebunden hinzugehn,
gleicht dem ungeschaffnen Gang des Schwanes.

Und das Sterben, dieses Nichtmehrfassen
jenes Grunds, auf dem wir täglich stehn,
seinem ängstlichen Sich-Niederlassen-:

in die Wasser, die ihn sanft empfangen
und die sich, wie glücklich und vergangen,
unter ihm zurückziehn, Flut um Flut;
während er unendlich still und sicher
immer mündiger und königlicher
und gelassener zu ziehn geruht.

Übung am Klavier!
(nach Rainer Maria Rilke)

Leider nur vormittags. – –
Der Nachmittag macht müde.
Eine Lehrerin hatte mich unter-
richtet.
                                und
zwar 2 Stunden in der –
Woche Mittwoches und Freitags.
Das Klavier stand schräg zum
Fenster und die Musik war 1. Klasse.

Das Original:

Der Sommer summt. Der Nachmittag macht müde;
sie atmete verwirrt ihr frisches Kleid
und legte in die triftige Etüde
die Ungeduld nach einer Wirklichkeit,

die kommen konnte morgen, heute abend,
die vielleicht da war, die man nur verbarg;
und vor den Fenstern, hoch und alles habend,
empfand sie plötzlich den verwöhnten Park.

Da brach sie ab; schaute hinaus, verschränkte
die Hände, wünschte sich ein langes Buch
und schob auf einmal den Jasmingeruch
erzürnt zurück. Sie fand, daß er sie kränkte.

Die unnötige Sprache!

Diese Sprache findet man in der
Ärzteschaft und jeweils bei den
Patienten in Vorsprache und in der
Vorlage und Stunde. Der Arzt
ordnet die Medikamente und diese
steht in Druckschrift jeweiles darauf.
Zur Freude der Gesundheit. – Amen.

Worte, die ich heute schon
        gesprochen habe!!!

Öfter als einmal im Jahr kann
ich Gugging einen Besuch abstatten.
Ich freue mich immer wenn
ich kommen, darf – heute – –.
Heute, ab den 4. Oktober l.j.
Jeweils spat ins laufende Zeit-
geschehen. Aber.–.

Abendlied!

Glockengeläute und siebenermesse,
das Abendlied, jeweils in der Kirche
und nebst in der Andacht der zur-hlg.
Messe. Abendlied. Das Abendlied ist immer
schön. Die Vogelwelt, Tierwelt, alles wird
gestaunt.

Liebesjahr
(nach Conrad Ferdinand Meyer)

Hätte sich der Keller gedreht? Tanzt dort
etwaig eine Flocke? Gab es im August ein Gewitter,
eventuell einen Blitz? Jawohl! Und dankes schönen Dank:
dafür!

Das Original:

Hat sich die Kelter gedreht? Tanzt dort mit dem
Laub eine Flocke?
Zuckte der Blitz im August? Blühten die Kirschen
im Mai?
Blüten und Ähren und Trauben erblick' ich in
schwellendem Kranz nur
Um das geliebteste Haupt, und ich erblicke sie noch.

Zwei Segel!
(nach Conrad Ferdinand Meyer)

Tiefblauer Himmel – Zwei Segel.

Das Original:

Zwei Segel erhellend
Die tiefblaue Bucht!
Zwei Segel sich schwellend
Zu ruhiger Flucht!

Wie eins in den Winden
Sich wölbt und bewegt,
Wird auch das Empfinden
Des andern erregt.

Begehrt eins zu hasten,
Das andre geht schnell,
Verlangt eins zu rasten,
Ruht auch sein Gesell.

Du bist Min, ich bin Din.
(nach einem unbekannten Dichter)

Das ist eine Art von der selbstverständl.
Sprache der Alpen-Landser-Länder.
Ich bin Din heißt: das ist mein See.
Und du bist Min heißt: Alpen in der
Bergeseinsamkeit!–: Sind Sie mir
nicht etwaig böse, wenn ich es lebe:
Ich meine Du sollst doch ein Genie
sein und nicht ein Öde. – Edelknabe! –
Du kannst Dach singen überdies dies.
Du kennst die stätte der Mitteilenden
Not-Wendigkeit. in Sangesfreudigkeit,
Tirol, Salzburg, Steiermark!!! Amen!

Das Original:

Du bist min, ich bin din:
Des solt du gewis sin.
Du bist beslozzen
In minem herzen;
Verlorn ist daz sluzzelin:
Du muost immer drinne sin.

Lorelei!
(nach Heinrich Heine)

Es singt in westlicher Ferne zum Rhein
eine Jungfrau ein Lied und kämmt
mit goldenem Kamme das goldene
Haar solide damit.

Gesang Weylas
(nach Eduard Mörike)

Oh, du schöner Meeresstrand, ein Land
das Dein ist, in besonnter Wärme Röte!
Vom Personal – der Maiandacht der Pfarre
Mette – Mitternacht, die deine Pfleger sind.
Die Mondesröte fleht fern ins Land hinein.
Vergnügt, und deine Wasser steigen, die
Hüften hoch ins ferne Land – – – hinein!

Das Original:

Du bist Orplid, mein Land,
das ferne leuchtet!
Vom Meere dampfet dein besonnter Strand
Den Nebel, so der Götter Wange feuchtet.

Uralte Wasser steigen
Verjüngt um deine Hüften, Kind!
Vor deiner Gottheit beugen
Sich Könige, die deine Wärter sind.

Heidenröslein!

Er, der Knabe, brach es ab, es Röslein
auf der Heiden, das Röslein sah er
und morgenschön und war noch jung
es anzusehen. Dies Röslein
auf der Heiden – und brach es ab.
s'Röslein auf der Heiden! Natürlich
wehrte sich es' Röselein, half im doch
der Stachel, ein und stach. – – ösRsl. rot

Freudvoll und leidvoll
(nach Goethe)

Es ist wirklich schwer zu leben. Pein,
Pein, Pein! Es betrübt zu Tode.
ist das die Liebe!?
Leben. − −

Das Original:

Freudvoll
Und leidvoll,
Gedankenvoll sein;
Hangen
Und bangen
In schwebender Pein;
Himmelhoch jauchzend,
Zum Tode betrübt;
Glücklich allein
Ist die Seele, die liebt!

Aus ›Egmont‹

Ahi nu kumet uns diu zit
(nach Dietmar von Aist)

Aha, nun kommt die neue Zeit
Der kleinen Vögel, Zeit im Frühling.
Es grünt das Feld. Die Linde ist bereit,
vorüber ist die Winterszeit.
die Blumen wohl versorgt.
das Herze froh. –

Das Original:

Ahi nu kumet uns diu zit,
Der kleinen vogelline sanc.
Ez gruonet wol diu linde breit,
Zergangen ist der winter lanc.
Nu siht man bluomen wol getan;
An der heide üebent si ir schin.
Des wirt vil manic herze fro:
Des selben troestet sich daz herze min.

Wanderers Nachtlied
(nach Goethe)

Elender Schmerz, du heilen tust,
in Waldes Einsamkeit, Erquickung
fühlst. Der Umstand selbst ist
dieses Lied.

Das Original:

Der du von dem Himmel bist,
Alles Leid und Schmerzen stillest,
Den, der doppelt elend ist,
Doppelt mit Erquickung füllest,
Ach ich bin des Treibens müde!
Was soll all der Schmerz und Lust?
Süßer Friede,
Komm, ach komm in meine Brust!

An die Freunde?
(nach Schiller)

Götterfunken jeweils aus den Landen
Zauber, Reichtum. Modisch gestellt, – –
Brüder alle Menschen teilt. – Seid
umschlungen Millionen, Feuerfunken,
stets bereit. Weil er Mode nie gekonnt
Freude thronet auf dem Herzen wohnt.
Küsset ihn, wenn es gelungen, es, es sollte
sein! Huldige ein Weib in Freuden.
Huldige die Musenstunden – Huldige
die Sympathie. Engeln flehen. –

Das Original:

An die Freude

Freude, schöner Götterfunken,
Tochter aus Elysium,
Wir betreten feuertrunken,
Himmlische, dein Heiligtum.
Deine Zauber binden wieder,
Was die Mode streng geteilt;
Alle Menschen werden Brüder,
Wo dein sanfter Flügel weilt.

Chor:
Seid umschlungen, Millionen!
Diesen Kuß der ganzen Welt!
Brüder – überm Sternenzelt
Muß ein lieber Vater wohnen.

Wem der große Wurf gelungen,
Eines Freundes Freund zu sein,
Wer ein holdes Weib errungen,
Mische seinen Jubel ein!
Ja – wer auch nur eine Seele
Sein nennt auf dem Erdenrund!
Und wers nie gekonnt, der stehle
Weinend sich aus diesem Bund.

Unter der Linde
(nach Walther von der Vogelweide)

Ist es die Liebe, ist es eine Pein,
die uns trieb zur Linde hin.
so sollte es jeweils sein; wenn Ver-
wundete beten. Und der Vogel, der
nichts findet; ist das denn die Nacht-
igall!

Das Original:

Under der Linden

Under der linden
An der heide,
Da unser zweier bette was,
Da muget ir vinden
Schone beide
Gebrochen bluomen unde gras.
Vor dem walde in einem tal,
Tandaradei,
    Schone sanc diu nahtegal.

Die Junge Frau steht auf dem
Warteturm
(nach einem chinesischen Gedicht
in der Nachdichtung Klabunds)

Regnet es in Strömen? Wissen wir dies
auch – Es steht eine Frau am Warteturm
und siehe da, es fliegt das Laub im
Sturm! Sturme dicht! – Da der Blitz und
Donner spricht. – –!? – Inzwischen ziehn die Wolken
vor. Und tausend Schädeln der Donner bricht. –
Es ward wieder warm. –? Oder? – – – – –

Das Original:

Die junge Frau steht auf dem Warteturm.
Von Yän-dschis Hügeln fliegt das Laub im Sturm
Wie braune Vögel. Wolken drohen dicht.
In Herbst und Regen, Blitz und Donner bricht
Bald der Barbar aus seiner Wüste vor.
Der Han-Gesandte zieht durchs rote Tor.
In tausend Schädeln kriecht der Totenwurm.
Die junge Frau steht auf dem Warteturm.

Ein Gleiches
(nach Goethe)

Über den Bergen, ein gleiches Bildnis;
Ruhesanft, gewähr für Augen;
Die Wipfel schlummern in -er Ruh,
Und siehet jen, der siehet zu ...

Das Original:

Über allen Gipfeln
ist Ruh.
In allen Wipfeln
Spürest du
Kaum einen Hauch;
Die Vögelein schweigen im Walde.
Warte nur, balde
Ruhest du auch.

Über die Bootshütte.
    Eine Art v. Gedicht!

   Die Bootshütte für einige meiner
Kameraden und für mich, kostete im
Aufwand von Arbeitsstunden 25. Stunden
aus Brettern und Dachpappe erbaut.
In der Nähe circa 40 m vom Waraschowfluß
entfernt. Waraschowloffluß. Er hat eine breite
von 18 m. Ich bin früher im Jahre 1945–46
sehr gerne gefahren. Seit ich in Gugging
bin natürlich nicht.

Sie ist Frühlings Sommers Herbst und
im Winter draußen.

Ein Liebesbrief.

Liebe Elsa!
Ich habe schon lange von Dir nichts gehört. Du hast mir versprochen, dass
Du etwas von Dir hören laßt. Mein
letzter Brief von 1. Jänner 1938 ist
noch offen. Also bitte. Und sag' Elsa, hast
Du die Weihnachtsfeiertage gut verbracht?
Dann glaube Ich, dass ich bald Gugging
verlassen werde. Und hole mich ab! bitte!
                    Dein Alexander
                    Gugging, PLZ. 3312
                    Pavillon 2 b.! – – – – –

Der Traum

Der Traum ist eine spielerische Art
bei Nacht – eines Schlafes. Für eine
Person. – Ist eigentlich ein Geschenk
einer anderen Person. Bei Nacht! – – – – –

Meine Wünsche.

Mein Wunsch ist ein Mobil zu fahren.
Es wird gewiß nicht teuer sein. Hat
ja fast jeder zweite ein Auto.

Ferner

Mein Wunsch wäre ein langer Urlaub Ein Faltboot zu steuern und den
langen Sommer über zu geniesen.

Angst.!

Angst vor was, gab es jemals ohne Unter-
stützung! Angst? Nein! GAb es jemals
Angst. voR WAs!? Sagen sie Herr Primar
gab. es jemals Angst und vor was?!? Nein
                                über Kärnten.
Österreich?   – Ungarn ... Z.

Der Tod.
(nach Matthias Claudius)

Der Tod spürt – speert ein – jeweils einen
anderen. Ach und so dunkel in der
Todeskammer – Röte und so traurig
ist wenn er sich bewegt. Aufhebt
seinen schweren Danne, wie es so
bei Toten üblich ist. Da, die Stunde
die bei Toten, üblich ist –! – – – – ..

Das Original:

Ach, es ist so dunkel in des Todes Kammer,
Tönt so traurig, wenn er sich bewegt
Und nun aufhebt seinen schweren Hammer
Und die Stunde schlägt.

Ein Brief an meine Frau!

Es war im Winter 1945. Rußland. Der Krieg
i. S. R. änderte sich seinem Ende zu. Stalin-
grad. betrübt ging es der Heimat zu. – Viele kamen
nicht mehr mit zurück – In Ehre verblieben sie draussen. –
Meine Liebe Grete, was denkst Du darüber, wirst
Du Dich etwas zusammennehmen, freuen! Oder
hast Du Dich mit einem anderen verheiratet!
inzwischen: röm Kath. Rythus und so.? Na ja und
nennst Du mich wieder einen Dyno.SS-Mann! –––
Ich weiß nicht mehr weiter! Alexander, verbleibe ich
hiermit, und herzl. Grüße Alexander! Servus!!

Alexander H. Ltn. d. R.
Lds. Sch. Bataillon 327. Stand
Retz i Hausruck.

Erste Liebe!

Die 1. Liebe war 1. Jänner 1933
R♭S ohne Wert wurde nicht angenommen. Ich war selber sehr froh.
Wäre etwas teuer gewesen. Hochzeit
und soo. Bin mir jetzt auch noch
nicht klar. 1. Liebe Liebe auf den
1. Blick war unterdrückt. Von Vater
und Mutter –, Besten Dank für diese
beiden.

Die Gegensätze!

Bestimmungen abnormal. Das ist alles.
Herr Primar. Oder Celsius – Reaumur.
Kälte und Wärme. Latein – Curent.
in der Schrift der Dtsch. Art. Zuerst
Auffassung – dann Niederschrift! –––.–...–
in Aufsatzartiger Form? Bestimmte Gegensätze. In Farbe, Rot – Orange!

Am Brunnen vor dem Tore!

Es standen ein Lindenbaum soo, schön,
jaah, vor dem Tore und gaerbchtee Entelein.
sie schnatterten froh die heissen Karto(ffeln). hinab in das Or. Und hielten eine fröhliche Pein. Wie
überrall froh am dem Bauernhof in hielten die
Mäntelein der St. Veit a. d. Glan, ein schönes Fräuelein.
Der Hirte war da und spielte eine nette Vrein. Weise.
ohne Not(en) mit einem Maurerklavier und
hilt ein Entelein wohl flaumig war (es) in
seiner Linken Hant! Am Brunnen vor dem
Tore DA Stand ein Lindenbaum er spielte schöne
Weisen, es war ein schöner Traum!

Mein Mitpatient Hauser Johann

von Alexander:
    Pat.
    Gruß:
Ganz ohne weiteres kann ich übr ihn sagen
daß Hauser Johann zu den großen W. Sprechern
gehört. Er läßt sich von einen oder zweien
seiner lieben Kameraden bed und ab-
decken. Ich bin nicht erböst darüber, aber ich
und viele meiner Kameraden sollen
Schuldner sein! Er sagt ich wäre bin ein
blödes Vieh! Und darf mich in die Miek Politik
nicht einmal einsehen. Einrevisieren. –
Sonst bin ich ein selig guter Bub sagt er
bis auf den heutigen Tag. Alle Achtung. 100
Bilder der Serie Österreich Olleschau hat
er mir abgenommen. – – –.
das geht nicht. RSE.
Sonst habe ich nichts für ihn.
Charigari Alexander

Unglaublich!

Es ist unglaublich einen Wintersport
zu betreiben und zugleich einen Urlaub
zu nehmen. Unglaublich 3 volle Wochen.
Bis zum heutigen Tage nicht nach Hause zu-
rückgekehrt. In der Stadt Rodelsau oder
Stockerau. – NÖ. Bitte Herr Primarius –
vielleicht einen Revers zu geben in dieser
Hinsicht.

Eine Angenehme Unterhaltung
(von und mit Alexander)

Eine angen. Unterhaltung ist im
warsten Sinne des Wortes eigentlich nur
die Radioansagung. Man kann zuhören –
und auch sprechen wie es einem mag.
und auch dementsprechend:
arbeiten.

Die Ehe!

Die Ehe ist vorbildlich f. Mann und Frau
in jeder Hinsicht. Sie wird meistens ein-
gegangen und geschlossen; nach der Ver-
lobung und. Je länger sie dauert desto
kürzer und länger oh das Dasein. Eines Hasen
oder so. Die Ehe soll in der Ehe haftbar
gemacht und der Mann größer sein
als jew die Frau. ––––– geführt.

Über unsere Anstalt

Unsere Anstalt ist schön gelegen direkt in
Visum der Sonne und wurde und deswegen in Kierling-Gugging gebaut. Sie
ist in XII Pavillone eingeteilt. Eine Unzahl
von direktiven Pflegern sind da und einen
Vorsteher einen Direktor und viele
Patienten.

Ich schaue in den Spiegel und sehe nichts*

Das ist der Retourreflex deshalb muß
man sich ein bißl(er) *besser* ansehen.
                 schärfer   .–
sonstiges ist nicht? – – – –. –

Die Hoffnung.

Zusammenfaßung innerer / Organe
Magen, Herzmuskulatur und DAtmungsorgane
Die Hoffnung auf ein Schreiben. Hoffnung war
Alles: Wir waren an der Front. Da kam der
Gegenangriff d'Russen san da. Oberleutnant
erschoß weil kleines Betty hier war. kuk..Heer

Mein großes Erlebnis im Walde!

E. h. a. eine Tour durch die nähĕré
Umgebung – Gugginger Wald – Hochwald.
Dauer sieben Stunden. Ende Blanken-
wiese Kritzendorf. Klosterneuburg Süd. –
Über den Kletterrutsch per AutoMob. = stop. West.
Zalubil nach Gugging Neurologie Kranken-
Landeshaus-Landeskrankenhaus v. Navratil

Mein Mädchen!

Mein Mädchen hies mich Epp einen Nudlrucker
                             Deutsch.
Kann man aber nicht sribben.
                 chrießen.
Sie verlangte von mir einen Brief. – was
ich nicht konnte. Ich lief Ihr davon. – – – –
Hate Angst. Angst, wie ich war.

* Der angegebene Titel lautete:
›Ich schaue in den Spiegel und sehe mich.‹

Der Babylonische Turm.

Der Babylonische Turm – das sind
jeweils die Herren der Anstalt selbst,
die Pfleger – der Pfleglinge. Der
Gruppe der Abteilung.

Der Ablauf des gestrigen – Tages.

Ist in energischer Art, englischer,
Öffentlichkeit Amtssprache wie folgt.
Deshalb. $^1/_2\,7^h$ Wecken u.s.w. 8^h über-
nahme eigentl. Arbeit bei Arbeitsgruppe.
Gärtnerei $^1/_2\,9^h$ Frühstück bis $^1/_2$ 10. – – –
$^1/_2$ 10 – 12^h W.
Weiterarbeit mit Herrn Arbeitspfleger ungefähr
61 Mann.

Lob der Frauen.

Liebe für den Mann. Die Hochzeitsfeier
Die Heirat. Ein Freudentag. Die For-
mulierung der Ehe – der Kinder wegen.
Der Hochzeitstag.

Reden und Schreiben.

Zusammengefaßt Schule in der ersten
Klasse – Volksschule. Bis in die 8. Klasse
Hauptschule.
Rechte Hand,
Lehrer,
Schule,
Kind,
Schüler,
Vorname,
Zuname,
Rede,
Werdung.

Ich bin geboren am 4. Juni 1920 zu Stockerau und erlernte gar
nichts. weil ich es nicht aushielt. Dann trat ich zur Firma Vogel
ein. und erlernte die Maschinschreibkunst.

Geburtstagsgedicht.*

Zum Geburtstag ißt man heute
eine große Torte.
Dann wollen viere von den Vielen
gerne einmal gratulieren!

Der Blick.

Der Augenblick, der Durchblick
durch ein Tunnel – der Anblick.
der Hinblick, der Ausblick durch
das Fenster. Der Blick ist starr.
Der Blick der Rehe. Der Liebesblick.
Der Beamtenblick. Der Blick des Arbeiters.

Das Leben der Steine

Das Leben der Steine in der Uhr.
beherzigen die Zeit in der Uhr.
oder treiben die Zeit in der Uhr an.
und die Uhr geht. Die
            Zeiger zeigen
            die richtige Zeit an.

Die Zeiger die Uhren der Zeit
zeigen die richtige Zeit an.
Die Steine zeigen im
            Sauseschritt der Uhr;
wir sausen mit! Das Leben
            der Steine in der Uhr.

* Zum 70. Geburtstag seines Mitpatienten Otto Prinz von Alexander vorgelesen.

Gesichter.

Gesichter gibt es überall
auf dem Markt, in den
vorderen Reihen im Kino.
auch im Zirkus. Gesichter gibt
es beim Maskenball vor allem.

Ich mag euch alle nicht.

   Ihr seid so wirsch ich
mag euch alle nicht.
Ihr seid mir zu deppert.
Wenn Ihr von mir
gehen würdet. Ich wäre
froh darüber.

Der Lebenslauf.

Ich bin geboren am 15. April 1954.
Dann kam ich in die Schule und lernte das Gymn.
nasium kennen. von hier in die Waldheimat
Peter Roseggers in den Weltkrieg.
von hier kam ich nach Hause. in die Schule Hauptschule. von hier an die Front von da in das
Handelsseminar für Unterricht. von hier blieb
ich einige Jahre von Verfolgungswahn getrieben
in Gugging.

Der Panther

Der Pol erreicht der Panther springt
Der springende Panther
Die auf mich springen
Der Panther ist schön
Wenn der Panther springt
Der Panther hat ein schönes Fell.
Der Panther hat schöne Augen.
schönere Augen als der Tiger.

Der Panther ist groß. Das größte Tier
Der Panther macht große Sprünge.

Das Kamel.

Das Kamel Ist ein grosses Tier
Hat Haare bis an den Schweif
Hat Beine Fessel und auch schön
und füsse in den Haaren drin

Das kamel hat einen Mumsmund
Zähne, und ein grosses Maul
Und mit Haareen bis an den Schwanz geziert

Die Ostern.

Heil zu Ostern meine Eltern.
Komm zu mir und rück nicht ein
Must nicht immer zu den Schildern
Must nicht immer Soldatisch sein.

Ich will mehr zu den Nieren
Als später zu den Kanonieren.
Die sich später zu schön finden
Muß ich später überwinden.

Der Engel.

Der Engel fliegt im Himmel
Der Engel ist schön.
Der Engel hat Flügel.
Der Engel ist brav.
Der artige Engel fliegt hoch als der
                         Himmel.
ist der Engel am Boden.
Der Engel hört gut singen.
Singen kann er *es* auch.
Der Engel hat es gut.

Die Marionetten.

Die Tische sind groß die Stühle sind klein
die Sessel sind rund. Sie kommen
von der Tischlerei hierher und befinden
sich im Tagraum. Die Tische r sind lang.
Dieselben haben auch vier Beine.
Die Stühle haben auch vier Beinchen.
Die Tische befinden sich hier im
Saale. Die Marionetten sind
Künstler. Die Tische sind hie und da
Die Stühle sind dahinter.
Der Stuhl hat vier Beine und eine
Lehne dahinten angebracht
die befestigt sind an beiden Seiten.
Davon sind je vier an den Eßtischen.
an den Seiten sind zwei.
an den Kanten sind auch zwei.
vier an jedem Tisch.
Die Tische sind braun.

Der Traum.

Die Sterne der Nacht stehn hoch
am Himmel. Nacht, die Nacht
ist gut. Und die Maiden auch.
das Tier. Der Natürliche Traum.
   die Nation.

Die Revolution ist zu Ende
und die Zeit ist vorbei.
Das Gewehr wird verflucht
doch der KRIEg,   geht
            weiter

Die Seerose.

Es weis kein Tier von wo sie
               stammt.
Und dennoch, ein Frosch verehrt,
        sie den Rand (B)
        und den Band –
Den Rand irgendeiner
        Blume.

Blau.

Die Rote Farbe.
Die Gelbe Farbe.
Die Dunkelgrüne
Der Himmel ELLENO
Der Patentender
Das Sockerl, Das Schiff.
Der Regenbogen.
Das Meer
Die Auenblätter
Das Wasser
Die Blattnarbe
Der Schlüßesl (R) »r.«
Die Schloß + Das Schloß.

Über Alexander und seine Gedichte

Der Morgen

Im Herbst da reiht der
         Feenwind
da sich im Schnee die
Mähnen treffen.
Amseln pfeifen heer
im Wind und fressen.

Otto Breicha:
Etwas ist herum in der Luft
Bemerkungen zu Alexanders Gedicht ›Der Morgen‹

Wenn zunächst einmal etikettiert werden soll, so ist Alexanders
Gedicht ›Der Morgen‹ ein Landschaftsgedicht, genauer: ein
Herbstzeit-Landschafts-Gedicht. Jahreszeitliches dringt ins
Wahrnehmen und Fühlen. Im Bild rührt Erscheinung ans
Gemüt. Es gehört zur dichterischen Unwillkürlichkeit (um für
dieses Mal das Wort »Methode« beiseitezulassen), auf welch
besondere Weise Empfindung Bilder einflößt und diese Bilder
hinwiederum reflektiert werden. »Die Poesie ist auch eine Abneigung zur Wirklichkeit, die schwerer ist als diese«, heißt es
anderswo bei Alexander.

Alexander dichtet im Auftrag: Themen-Texte auf Bestellung.
Je nachdem löst er, wenn er schreibt, Aufgaben. Er hat eine mehr
als nur ungefähre Vorstellung, was Dichtung ist. Diese Vorstel-
lungen wurden ihm, zum Beispiel in der Schule, beigebracht. Das
Gedicht ist automatisch zu Ende, wenn er meint, mit seiner
Aufgabe fertig zu sein.

Es gibt bei Alexander so gut wie keine auch nur halblangen
Gedichte. Ihr Verlauf ist an Spannungen orientiert. Es gibt wohl
Proportionen, etwas geradezu Räumliches zwischen den merk-
würdigen Bildfügungen und Erfindungsansätzen, aber kein
»Ziel«, keine regelrechte »Pointe«. Oder es folgen manchmal
pointierte Bilder zu knapp und dicht aufeinander, als daß es der
Verfasser auf so etwas wie eine »Pointe« angelegt haben könnte.

Wie es daherkommt, ist es ihm recht. »Die Erde, der Vulkan
und das Summen der Bienen sind das ewige Schreiben«, mokiert
sich Alexander. Auch das Gehaben von Zugvögeln oder das
»Vibrieren der Ameisen« gehören dazu. Das Gedicht-Thema
›Der Morgen‹ zieht ähnlich Bilder und Vergleiche herbei: sehr
Allgemeines wie Herbst, Wind und die Wahrscheinlichkeit späteren Schneefalls, mehr Besonderes wie das Mähnenschütteln
hurtiger Schlittenpferde oder nahrungssuchende Vögel in Garten
und Flur; allerhand Hintergründiges (worauf noch zurückzu-
kommen sein wird), nämlich Unzusammenhängendes, das kau-
sal verfädelt wird, Behauptungen, die Einbildungen sind (aber
darum nicht minder tatsächlich), Wortverbildungen, die etwas

fruchten (wie das »heer«, das eine gewisse Häufigkeit der pfeifenden und futternden Amseln suggeriert). Das zur Poesie angehaltene Subjekt stellt sich, Einfälle auf Erinnerungen pfropfend, vor, wie es aus dem morgendlichen Schreibanlaß wohl kommen könnte.

Dieser »Morgen« spielt inmitten offenkundiger Gegend. Landschaft ist vorgegeben, ohne direkt angesprochen oder gar »illustriert« zu werden. Es ist etwas herum in der Luft: »Feenwind« macht sich zu schaffen, aber er streicht scharf am Klischee vorbei, das subtil verwackelt wird. Entgegen allen Usancen ist mit dem Tätigkeitswort »reihen« dem märchenhaften Luftzug etwas nachgesagt, das geradeso verwundert wie die darauffolgende Behauptung jenes »Treffens« der Mähnen im Schnee. Das Durcheinander hat System, kein ertüfteltes, aber eines, das unterläuft, die Fädchen zieht, Wirkung zeitigt. Der Verfasser hantiert im Wortgeflecht, wie die gewissen Stummfilmhelden übers Gesims turnen. Der Abgrund gähnt so gar nicht plumpsgemütlich. Nichts liegt näher als dorthin überzuschnappen und abzustürzen. Aber justament taumelt der Dachbesteiger seine Bahn, tragisch und vergnüglich anzusehen, also vergnüglich-tragisch. Und es ist zum Sichkaputtfreuen.

Alexanders ›Morgen‹ ist ein *luftiger* Text (und das in jeder Hinsicht). Unmißverständlich passieren nacheinander Schneewind und Kutschenfahrt, streunendes Vogelwesen und pfiffiges Getön. Zudem wird gewissen Geistesgrößen jenes »Pneuma« vorteilhaft nachgesagt, das, wenigstens ursprünglich, ein Windeswehen bedeutete, (schöpferischen) Atem sodann, Lebenskraft überhaupt, ein *erschaffender* Hauch. Etwas sehr in diesem Sinn *Hervorrufendes* treibt in Alexanders ›Morgen‹-Poem sein Wesen: etwas schwer Benennbares, Schwebendes und Verschwebendes. Das, was Joyce mit »Epiphanien« meinte, überkommt ähnlich bei der Lektüre von dergleichen literarischen Piècen: als ein Innewerden von Ungewußtem, bislang Unerlebtem, Fluidum entsteht. Alexanders ›Morgen‹ ist in hervorragender Weise ein Fluidum-Gedicht (wie es Freund Okopenko definiert). Eindrücke kaleidoskopieren eindrucksvoll. Sogenannte Aussage, das Angemerkte und Hingemeinte verkrümmeln zwischen dem, das wortwörtlich und bildwirklich geschrieben steht. »Was tust Du?«, fragt Alexander gelegentlich sich selber. »Einen Hammer nehmen und auf die Polster legen«. Aus dem Miteinander resultiert das neue, ungewöhnliche Ensemble. »Immerhin« und »sogar« rangiert er als »fröhliche« Wörter.

Direkt und unverblümt geht er auf das Thema los, das ihm aufgetragen ist. Ein Herbstmorgen ringsum: er bemerkt und vermerkt dieses und jenes bis dorthin, wo er huschende Amseln pfeifen und picken läßt. »Die ganze Wahrheit sagen und nicht lügen«, hat er es einmal als siebenten Tip für ein langes Leben empfohlen. Und das, was der lieben Wahrheit zuliebe gesagt werden muß, schreibt er hin, wie es ihm aus dem Kugelschreiber sprießt. Die sonderlichen Handlungen ergeben sich dabei von selber: daß der Feenwind »reiht«, daß Schneemähnen sich »treffen«. Sein Gedicht ist sowohl-als auch etwas Besonderes. Freilich ist dieses Besondere durch die Umstände des Verfassers bedingt. Alexanders Gedicht ›Der Morgen‹ ist eine *zustandsgebundene* Hervorbringung.

Alexander war bereits seit fünfzehn Jahren hospitalisiert, als er seinen ›Morgen‹-Text verfaßte. Er litt und leidet an akustischen Halluzinationen, reagiert ausgesprochen befehlsautomatisch, bildet sich ein, mit Mussolini zu korrespondieren. Seine Schwierigkeiten, mit »den anderen« auszukommen, glossiert er nicht unsarkastisch (»der Einzellne ist meistens allein, und wenn er sich in Gesellschaft befindet, ist er Gesellschaftler«). Er sei (nachdem Gott schon gestorben ist) »gewissermaßen ein zweiter Herrgott«. Schöpferisch hat er im Auftrag inzwischen ein paar hundert Gedichte und Texte verfaßt, mit denen sich seine in gleicher Weise beauftragten Zeichnungen nicht annähernd messen können.

Soviel ich weiß, wurde Alexanders ›Morgen‹ im März 1965 in einer Fußnote auf Seite 44 in Leo Navratils ›Schizophrenie und Kunst‹ zum ersten Male veröffentlicht. An dem Text lassen sich alle Merkmale und Eigenschaften psychotischer Gestaltung nachweisen, wie sie damals und inzwischen mit viel Umsicht und Akribie katalogisiert worden sind. Zustandsgebunden kreativiert Alexander zum vorgeschriebenen Thema, reiht, von pneumatischem Feenwind umfächelt, Bild um Bild, verrutscht (und man möchte meinen: mit Raffinement) Metaphorik und Satzbau, pfeift wie die Amseln seines Poems auf Reim und Grammatik.

Eben darum, weil Alexander, wie er selber schreibt, vom Lehrer in der Schule beigebracht wurde, was Dichtung ist, hat er, gerade indem er sie als »eine Übertragung der Obrigkeit zum Schüler« versteht, genug Regeln und Konventionen verwürgt. Er schreibt, einmal dabei, höchst wunderlich entbremst mit jenen kuriosen Verdrehungen und Zwischenräumen, die sein Gedicht als ein aufregendes Stück Poesie bestätigen.

Alexanders ›Morgen‹ war eines der ersten Beispiele schizophrener Dichterei, die mir seinerzeit, vor mehr als zehn Jahren, untergekommen sind. Es war wie damals beim Entdecken der Literatur als etwas so überaus Besonderes, wie damals beim haufenweisen, besinnungslos süchtigen Aneignen der Expressionisten-Dichtungen der Benn, Heym, der Lasker-Schüler, wie beim ersten Hören von Hölderlins ›Hälfte des Lebens‹. Mittlerweile ist Alexander aus guten Gründen als Stern auf jenem faszinierend funkelnden »Himmel Elleno« aufgegangen, der in einem seiner Gedichte vorkommt und nach dem eine Suite von Ausstellungen der Navratilschen »école de Kierling« genannt wurde.

Bleibt noch zum Schluß das *Wozu* der Beschäftigung mit dergleichen Hervorbringungen: die nachgerade übliche Gretchen-Frage nach der »gesellschaftlichen Bewandtnis«. Weil eben das von Peter Rühmkorf in seiner Anthologie expressionistischer Dichtung fürs Ausdruckskünstlerische (wozu die Irrenkunst sowieso gehört) glänzend besorgt wurde (und ich es nicht anders sagen könnte), möchte ich sein Plädoyer ans Ende dieser Betrachtung setzen, wobei das Expressionistische lediglich durch jene andere Ausdrücklichkeit von »drübenher« auszutauschen wäre. Die Perspektiven bleiben dieselben wie die Adressaten die nämlichen.

Nämlich: »Poesie ist aber nicht und war nie oder nur im Ausnahmefall ein eindeutiges Rahmenrichtlinienaufstellungsorgan, vielmehr ein Medium der vielfältigsten Partizipationen, bei dem Mitteilung nicht bloß Benachrichtigung heißt und Anteilnahme etwas anderes als sogenanntes herzliches Beileid. Als einer Kunst des angespanntesten Dabeiseins, bezeugt sich in der expressionistischen Lyrik eine beinahe körperliche Beteiligung an den Entfremdungen und Harmonieeinbußen der Zeit, und es ist nur selbstverständlich, daß sich Zuspruch und Interesse an den Betroffenen wenden, nicht aber an notorisch Unanfechtbare und skrupellos Verschonte.«

Roger Cardinal:
Zur Dichtung Alexanders

Der Sprache der Dichtung muß nicht immer ein Sinn unterliegen, damit sie sich entfalten kann. Ja, es kann manchmal sogar eine Behinderung für sie sein, wenn eine Idee schon vorliegt, die sie zu gestalten hat. Dichten heißt nicht, prosaische Begriffe ausschmücken oder bekannten Pfaden folgen. Es ist vielmehr eine Abweichung ins Unbekannte, ein Abenteuer in die dunkle Potenz der Sprache. Der Symbolist Stéphane Mallarmé hat einmal gesagt, der Dichter sollte »die Initiative den Wörtern überlassen, die dann in gegenseitigem Widerschein sich erleuchten«. Die Anerkennung der eigenständigen Kraft des Wortes entspricht bei Mallarmé einer bewußten Aufhebung des persönlichen Elements im Gedicht, ein »Verschwinden des Redners«, das zum Resultat hat, daß das symbolistische Gedicht eine einzigartige Selbständigkeit und einen ästhetischen Widerstand zur Wirklichkeit hat – zu allem, was außerhalb seiner sprachlichen Grenzen vorliegt. Das Wort wird zur sich selbst regelnden, gestaltenden Instanz.

Es wäre falsch, Alexander als einen Symbolisten hier einzuführen, im Sinne eines selbstbewußten Dichters, der mit allen Kräften der Dichtkunst versucht, den elfenbeinernen Turm der ästhetischen Reinheit zu befestigen. Erstens gibt es ganz unliterarische Gründe dafür, daß Alexander schreibt. Daß er ein in einer Anstalt lebender Kranker mit deformierter Oberlippe und Gaumen ist, hat zur Folge, daß er im gesellschaftlichen Sinn nicht »zur Rede« kommen kann.

> Nicht jeder Mensch hat einen Mund.
> Mancher Mund ist disqualifiziert
> oder operiert. So wie bei mir.

Da er für das normale Sprechen »disqualifiziert« ist, findet Alexander – anfangs mit Zurückhaltung und Hemmungen – beim Schreiben so etwas wie eine Lebenserweiterung. Wenn »das Verschwinden des Redners« in seinen Schriften manchmal deutlich ist, entspricht dies keinem ästhetisch raffinierten Prinzip. Es ist einfach eine Tatsache seiner Existenz: er ist schizophren und verliert dabei das Recht, ganz Person zu sein und als Sprechender in seiner Sprache anwesend zu sein. Daß er sich zum Dichten gefunden hat, um aus der Verschlossenheit des Krankseins zu gelangen, macht, daß er sich in entgegensetzter Richtung zu Mallarmé bewegt. Wo der Symbolist aus ästhetischen Gründen seine Persönlichkeit im Gedicht zu verneinen sucht, geht der psychisch Kranke eher darauf aus, durch das Schreiben sein Selbst zu finden. Nur kreuzen sich die beiden Pfade in dem Prinzip der Anerkennung der geheimnisvollen Potenz des Wortes. Die erste Initiative muß der Dichter seiner Sprache überlassen. Ihre Freiheit ist Garantie dafür, daß er zu einem echten dichterischen Sinn kommt.

Das Wort besitzt eine geheime Kraft zum Aufhellen. Nur warten, nur schreiben – dann kommt vielleicht ein Signal, ein Licht aus der Finsternis. In einem Gedicht betitelt ›Die Wolken‹ (ausnahmsweise auf einer Schreibmaschine getippt) verharrt Alexander bei einem wiederholten Satzteil, bis es ihm gelingt, die Sprache in freien Lauf zu setzen.

> die wolken so gross und weit
> die wolken so gross und weit
> die wolken so gross und weit
>   die am felsen wie aufgesprossen
>   ein vorhang wie der osten so gross und
>   der wiederhall im tal war gut und schön
>   der partzifall wolte aufblicken auf
>   und sah sah auch auf sie die da hernieder-
>   prasseln wie schnee und eis die regentropfen

Wie ein ritueller Spruch scheint die rhythmische Iteration der ersten Zeile. Die Sprache kommt nur mit Mühe vorwärts. Aber auf einmal gelingt es ihr, und sie führt uns mit erstaunlicher Behendigkeit auf ein poetisches Bild hin: die Wolken bilden einen Vorhang so groß wie der Osten. Darauf kommen phonische Einflüsse ins Spiel, die die nächsten Zeilen formen: Widerhall, Tal, Parzifal – das sind lauter »Widerhälle«, die innerhalb des Textraums aufkommen. Zugleich aber bilden diese Klänge einen Sinn, d. h. das Zusammenspiel der Wörter beginnt, sich auf eine bestimmte Richtung hinzuordnen, um eine Kontinuität zu bilden, die nicht nur eine phonische, sondern auch eine semantische Übereinstimmung aufweist. Kurz gesagt: eine Geschichte wird inszeniert mit dem Helden Parzifal – eine Andeutung, die sofort einen Kontext mystischen Wunderns suggeriert. In der siebten Zeile versucht Parzifal in die Wolken aufzublicken, aber das Gedicht kommt ins Stocken. Die achte Zeile, die aus einer Reihe ähnlicher Einzelsilben besteht – sah/ sah; auch/ auf; sie/ die –, verursacht einen Effekt des Stotterns. Dies erinnert an die Wiederholungen der ersten drei Zeilen und zeigt, daß die Sprache wieder dabei ist zu versickern. Darauf folgt jedoch die neunte Zeile, die dem Gedicht ein Endziel verleiht. Aus dem Enjambement des Verbums »hernieder-/ prasseln« entsteht eine Zielbewußtheit, die zu einer Art logischen Sinnes führt. Denn das, was sich aus dem dunklen Werdensprozeß der Sprache emporfindet, ist gerade das beste Wort, um das Geheimnis der Wolken zu enthüllen. Die Regentropfen fallen aus den Wolken sowohl als Resultat der sprachlichen Spannung wie auch als selbstverständliche Antwort zum fragenden Warten Parzifals.

Die meisten Dichtungen Alexanders sind ein Spiel mit der Sprache, das zu dem für ihn typischen Idiom führt. Weil er so oft die Initiative den Wörtern überläßt, sind seine Texte des öfteren freie Felder, die außerhalb der Zone semantischer Rechenschaft liegen. Hier gründet der unbehelligte Geist seine eigene Welt, die auf einer Basis von Paronomasien, Homonymen, Wortschöpfungen, Assonanzen, Alliterationen, Reimen und anderen rein sprachlichen Eigenheiten besteht. Manchmal erzeugt diese Situation eine verwirrende Absurdität, die der dadaistisch-grellen Phantasie eines Hans Arp ähnelt. Das Nonsens-Gedicht ist bekannterweise eine Wahlgattung für Schizophrene, denn es gibt Anlaß zum Ausdruck, also zur Selbstbestätigung, ohne dabei der Außenwelt einen Zugang zu eröffnen. Inkongruität und Rätselhaftes sind Züge dieses paradoxen Idioms.

Die Weihnacht

Wei wa der Baum die Weihnacht naht.
Die erste Tat vor dem Mond.
Da ich noch darunter stand.
viel sahen Sahen waren darunter.
Biene kommen und Sachen.
Lombra die Nacht und ein Schwung.

Hier spielt der Schreibende zuerst mit Lauten, die keinen Sinn haben: Wei wa. Aber bald wird aus diesen ein sinnvolles Wort: Weihnacht. Dann tritt eine bedeutsame Assoziation ins Spiel, der Mond, der bei Alexander häufig als poetischer Fixpunkt erwähnt wird und soetwas wie Phantasie heißen will. Soweit führt uns das Gedicht einer Interpretation zu. Der Protagonist steht unter dem Mond und träumt. Der Leser erwartet, daß er zunächst Kundschaft von diesem Traum bekommt. Was kriegt er aber? Ein Absurdes nur: »Biene kommen und Sachen«; dann den sinnlosen Neologismus »Lombra«; darauf »die Nacht und ein Schwung«, eine Wendung, die man zu interpretieren versucht ist als: hermetische Dunkelheit und eitle Lustigkeit. Das Gedicht hat uns schließlich an der Nase herumgeführt. Wir haben einen Sinn erwartet, kriegen aber nur einen entmutigenden Unsinn.

»Nacht« und »Schwung«, das Änigmatische und das Verschroben-Skurrile, finden wir auch in einem Gedicht wie ›Der Wein‹, das eine typische schizophrene Atmosphäre aufweist.

Der Wein

Im Bären lebt ein Storch
Und liest im teig einen Ort
Und ein Bär geht. Tann in
Dieses Loch und grüsst die
Narbe um ein Tor.

Hier glauben wir eine Struktur zu entziffern, die auf einem semantischen Doppelboden errichtet worden ist. Einerseits finden wir Elemente, die zum Thema »Tierleben« gehören: Bär, Storch, Teich, Tannen, Loch. Eine lustige Geschichte kann man herauslesen, etwa daß ein Bär von einem Storchen, der von ihm irgendwie abhängig ist, gegen einen Teich gelockt wird, ins Loch hineinfällt und eine Narbe bekommt, als Zeichen seiner Torheit. Andererseits finden wir Elemente, die zum Thema »Wirtschaft« gehören: ›Zum Bären‹ und ›Zum Storchen‹ sind geläufige Namen für Wirtshäuser; der »Teig« könnte Brotteig meinen; »Ort« bzw. »Loch« (= Umgangssprache für Lokal) könnten sich auf das Wirtshaus beziehen, sowie das »Tor« die Tür zur Wirtsstube andeuten könnte. »Bär« ist auch nicht weit von »Bar« entfernt. Zwar sind diese Elemente etwas unsicher, sie werden aber schon plausibler, wenn man den Titel ›Der Wein‹ in Betracht zieht. Es mag sein, daß hier eine geheime Auseinandersetzung mit dem Trinken ausgedrückt wird unter dem Deckmantel einer kindischen Tiergeschichte. Oder besser gesagt: ein offener und ein versteckter Sinn werden durch die semantische Doppelvalenz eng zusammenverwickelt.

Im allgemeinen ist es nicht ratsam, Alexanders Texte zu sehr zu rationalisieren, denn man erwirkt dadurch nur eine Deformierung des originellen Gestaltungsdrangs. Das heißt, wenn man einem Gedicht begegnet, das aus gewissen Gründen zweideutig oder orakelhaft wirkt, muß man nicht darauf bestehen, daß jedes Wort aufgeklärt wird. Und bei einer eventuellen Interpretation soll man nicht erwarten, daß das letzte Wort darüber gesprochen werden kann. Um Mallarmé nochmals zu zitieren: »An der Dichtung muß immer ein Rätselvolles haften.« Das Entblößen eines Gedichtes, dessen erstes Ziel das Verhüllen ist, kann dem Gedicht nur Gewalt antun. Vorzüglich bei dem Ausdruck des Schizophrenen gilt das Prinzip Hugo Friedrichs, der von Mallarmé sagt: »Der Leser soll weniger enträtseln, als vielmehr selber in das Rätselhafte kommen.«

Hiermit äußern wir ein Prinzip, das zum dunklen Moment der Dichtung Alexanders gehört. Aber zum Glück werden wir als Leser nicht immer im Dunkeln gehalten. Wenn schon seine Tendenz zur Selbstverhüllung zu einem hermetischen Stil führt, wobei der Leser sich in nichtssagenden »Lombra«- und »Wei wa«-Formeln verliert, spielt bei Alexander auch ein anderes Moment mit. Sprache ist für ihn nicht immer ein autistisch-verschlossenes Spielfeld. Manchmal faßt er genug Mut, um die Worte etwas mehr als sonst zu beherrschen, so daß sie sich aus der Dunkelheit und Vieldeutigkeit gegen einen einzigen Sinn hinausbewegen. In einigen Gedichten kommt Alexander sogar dazu, eine klare Stimme zu entwickeln. Und diese Stimme, dieser Stil sind die eines ganz selbstbewußten Dichters. Es ist, als ob aus dem arbiträren Zusammenfließen der verschiedenen Quellen der Sprache allmählich eine lyrische Sicherheit entstanden wäre.

Das will aber nicht heißen, daß diese lyrische Autorität sich nur langsam und mit Mühe erwerben ließ. Seltsamerweise scheint sie bei Alexander von Anfang an gegenwärtig zu sein. Bei einem schnellen Überblick seiner Texte könnte der uneingeweihte Leser wohl annehmen, daß die Gedichte bei einer chronologischen Ordnung eine Entwicklung von einer starren Stereotypie über einen rätselhaften Orakelstil bis zu einem späteren lyrischen Selbstvertrauen aufweisen würden. Mit Erstaunen liest er deshalb das allererste Gedicht Alexanders, das er nach Aufforderung des Arztes ohne jede vorausgehende Übung geschrieben hat:

Der Morgen

Im Herbst da reiht der
              Feenwind
da sich im Schnee die
Mähnen treffen.
Amseln pfeifen heer
im Wind und fressen.

Rätselhaft sind diese Zeilen nun nicht im Sinn der obigen Beispiele, wo ein geheimer Sinn hinter dunklen Formeln zu liegen scheint. Hier sind die Ausdrücke an sich fast alle klar. Nur zeigt es sich, daß eine Aura von Ungesagtem dem Gedicht auch mitangehört: auf literarisch ganz legitime Weise kann der Leser dem Text einige Bemerkungen zufügen, um dieses Ungesagte auszudrücken. Dies ist aber keineswegs als Werk der »Entzifferung« zu betrachten, sondern als eine Ergänzung, die der Auskostung des ästhetischen Vergnügens selbstverständlich mitangehört. Der Dichter schildert in wenigen Zügen eine Herbstlandschaft. Zwei Elemente zeigen, was für ein Wetter an diesem Morgen herrscht. Es liegt schon Schnee auf der Erde, darüber »reiht« ein Wind. Keine Farben werden genannt: die Szene ist blank und kahl. Einen Eindruck von Starre mag man deshalb haben. In dieser Leere sind jedoch Formen wahrzunehmen. Zwei Ereignisse werden zusammengebracht: weil der Wind »reiht«, treffen sich die Mähnen im Schnee. Diese Mähnen sind möglicherweise eine Synekdoche und bedeuten die Anwesenheit von Pferden. Man kann annehmen, daß sie aus verschiedenen Richtungen hergeritten werden, um sich hier zu treffen. Wo eigentlich? An einem Ort, wo es nichts gibt außerhalb des Windes, der vorüberzieht. Ein Wind, der »reiht« – ist er nicht wohl ein Wind, der *reitet?* Ein *Feen*wind heißt er auch: man denkt zwangsläufig an Goethes Erlkönig, der »so spät, durch Nacht und Wind« mitgeritten ist. Die starre Landschaft bekommt unterdessen den Anschein eines ziemlich makabren Ortes. Wir wissen nicht im einzelnen, was das Zusammentreffen bedeutet: wir kennen nur den Zeitpunkt (»Im Herbst«) und den Ort (»im Schnee«). Aber wir ahnen viel mehr: Drohung, Gewalt, Tod. Schließlich kommen wir zu den letzten Zeilen, die diese geheimnisvolle Zusammenkunft unterzeichnen oder zu kommentieren scheinen. Amseln pfeifen her (»heer«): sie werfen einander Signale zu. Etwas ist ja unterdessen geschehen, was die Vögel hierherkommen läßt. Ob nach dem Zusammentreffen etwas nun im Schnee zurückbleibt, wird nicht gesagt. Nur heißt es: die Amseln fressen. Die schwarzen Vögel kommen auf dem Winde geflogen und finden Nahrung. Inmitten der Starre und des Todes kommen diese kleinen Tiere doch zu etwas Lebenspendendem. Ob dies für uns ein hoffnungsvolles Zeichen ist, bleibt ungewiß. Wir können schwerlich erraten, ob der Mangel an menschlicher Präsenz im Gedicht von Gewicht ist. Auf eines aber kann man ohne weiteres schließen: dem kleinen Text entspringt eine fruchthafte Reihe von Assoziationen; er ist daher in knappster Form ein Ort reicher Bedeutungen. Ohne nach Rätseln zu greifen, gelangt Alexander hier zur lyrischen Gedrängtheit des geborenen Dichters.

Auch andere Gedichte zeigen dieses Talent, eine lyrische Intuition in ganz wenigen Strichen einzufangen. Einige sind so kurz, daß sie den Vergleich mit den japanischen Hai-kus bestens bestehen.

Die Seerose

Die Seerose blüht am See.
Sie ist weiss wie Schnee.
Die Rose ist ein Spiel mit dem
                    Wasser.

Die Blume, die auf dem Wasser blüht, ist ein bekannter lyrischer Topos. Weiß und zart schwebt sie auf der dunklen Fläche. Daß ihr Weiß wie Schnee ist, mahnt an ihr baldiges Verwelken. Denn Schnee wird zu Wasser, und das kurze Bleiben der Rose auf dem Wasser ist ein schönes aber kurzes Spiel. Ohne das traditionelle Thema »Vergänglichkeit« mit großem Pathos zu behandeln, liefert Alexander hier eine feine Andeutung der Fragilität der Schönheit.

An anderem Ort fängt Alexander nochmals ein magisch-poetisches Moment in einem Stil von äußerster Schlichtheit, man möchte fast sagen: von naiver Einfachheit. Diesmal erinnert er an Eichendorff.

Der Flieder

Der Flieder steht im Garten.
so dicht und hoch hinaus.
die Mutter sieht die Blumen blühn.
und in die Zeit hinein.

da war es aus mit drum und dran.
die Welt sah anders aus.

Der Fliederbusch scheint eine ganze Welt in seinen Blättern und Blüten zusammenzuschließen. Ihn zu betrachten, heißt träumen oder in eine Kristallkugel blicken. Die alte Mutter hat diese weissagende Gabe. Sie kann die Zeit ermessen und das Leben ihres Sohnes wohl im voraus deuten. Für ihn heißt das: Zauber, Erlebnis einer vollkommenen Transzendenz des Alltäglichen, des »Drum und Dran«. »Die Welt sah anders aus«, als wäre sie durch den magischen Flieder umgewandelt worden. »*Sah* anders aus« – diese Umwandlung ist nicht mehr. Ein Hauch von Wehmut zieht durch das Gedicht. Das traumartige Erlebnis, zuerst in der unmittelbaren Form der Gegenwart gezeichnet, verliert an Deutlichkeit, wenn die eigentliche Gegenwart hervortritt. Mit der abrupten Zeitverschiebung erreicht Alexander eine Intensivierung des Ausdrucks der Sehnsucht: das Anderssein der Welt ist unwiederbringlich. Bei Alexander geben solche Wunderlichkeiten der Grammatik oft Anlaß zu subtilen Effekten.

Mit Vorliebe kehrt Alexander zum thematischen Gemeingut der Rose zurück, die wie z. B. bei Rilke das ergreifende Zusammentreffen von Schönheit und Tod bedeutet. Hier wird nochmals eine Herbstlandschaft dargestellt:

Die Rose

Die Resenrose im Herbst auch blüht.
Der Weidmann in die welken
   Augen leht.
stumm sehen dich die Augen an.
der stumme Blick der Rose.
Die Blätter der Rose waren blind.
lagen auf der Erde.
Und warten der Landschaft kühlen
       Wind.

Vorerst blüht die Rose, obwohl es Zeit ist, daß sie stirbt. Ihre Farbe wird nicht erwähnt; nur die Metapher von den »welken Augen« gibt uns kund, daß die Rosenblätter absterben und wie Augenlider sinken. In einigen Zeilen verwirklicht sich diese Ahnung vom Tod. Die Finalität der Interpunktion nach jedem Satzteil unterstreicht die stockende Bewegung. Schritt für Schritt folgen wir dem Desintegrationsprozeß: die Augen der Rose sind welk, dann stumm, dann blind. Schließlich fallen sie zu, d. h. die Blume ist tot, die Blätter liegen nun auf der Erde. Das Gedicht endet mit einer Andeutung an den kühlen Wind, der alles wegfegen wird, damit die Landschaft leer wird. Trotz dieser kommenden Starre spüren wir vielleicht eine gewisse Milde. Der Wind ist hier nicht kalt und grausam. Der Weidmann ist wohl auch ein Mensch, der Gefühle hat. Wird er nicht in der dritten Zeile geduzt? Wenn auch das Gedicht eine Allegorie des Sterbens ist, so hinterläßt es doch einen Eindruck von gereifter Weisheit und nicht von Panik. Das Gedichtete wird hier zum universellen Sinnbild, wirkt dabei persönlich und intim. Daß der Dichter sich nicht nennt, darf kaum »symptomatisch« wirken. Das Gedicht ist eigentlich voll von seiner diskreten Anwesenheit. Alexander hat hier die Grenzen des symbolistischen Hermetismus nicht verschlossen. Sein Gedicht ist keine ästhetische Monade, sondern ruft nach Verständnis innerhalb der Kontinuität menschlichen Erlebens.

Ein so nüchtern ausgeglichenes Gedicht, wenn auch kein häufiges Vorkommnis unter den unterschiedlichen Schriften Alexanders, dürfte doch den Beweis erbringen, daß wir es hier mit einem authentischen Dichter zu tun haben. Es bleibt nur die Frage, wie der Schöpfungsprozeß bei ihm verläuft. Das große Rätsel ist, daß ein manchmal so selbstsicherer Dichter der ärztlichen Aufforderung bedarf, bevor er zum Schreiben kommt. Ein Rätsel ist es auch, daß sein Spiel mit der Sprache – wir wollen es nicht verhehlen – oft fehlschlägt und bald in ein dummes Stottern, bald in eine reizlose Beredsamkeit verfällt – um dennoch dann und wann ein reines Gedicht hervorzubringen. Ist alles bei Alexander so spontan, so zufällig, wie wir meinen? Wir glauben wenigstens zu erkennen, daß er doch manchmal zu einem wirklichen literarischen Selbstbewußtsein gelangt; daß er nach der blinden Hingebung an die Potenz der Sprache zu einem neuen Standpunkt der Übersicht kommt. Wir sind versucht zu sagen, daß diese Entwicklung mit einem seiner bevorzugten Themen zusammenhängt: mit dem Emporfliegen. Von Bergen und klaren Aussichten ist ja oft die Rede, wie auch von verschiedenen Vögeln, mit denen Alexander sich offenbar identifiziert. Einen eindeutigen Eindruck poetischer Kontrolle hinsichtlich sowohl der Sprachformen wie auch der thematischen Verschmelzung von den Themen Fliegen, Dichten und Beherrschen finden wir in diesem Gedicht:

Wie ein Adler

Wie ein Adler flieht der Rauch der Zigarette.
Wohl der Kopf und ganz allein das Auge.
Wie ein Adler ist der Ruf davon.
gern zu heben von der Adlerin.
Wie ein Adler sieht der Wolf vorbei.
und denkt sich sein Litanei.
Wie ein Adler möchte ich gerne sein.
da ist die Welt für mich allein.

Die Struktur des Gedichtes ist die einer Litanei, wobei der Satzteil »Wie ein Adler« jedesmal als Anspornung zu neuen Einfällen
wirkt. Die Sprache scheint hier vom Dichter geführt zu werden:
nicht daß er ein eitles Spiel veranlaßt, ohne sich auf Kohärenz zu
besinnen. »Wie ein Adler« ist eine Formel, die ohne weiteres
Poesie stiftet, denn bei jedem gebildeten Satz muß ein Vergleich,
d. h. eine poetische Wendung herauskommen. Zuerst kommt ein
Vergleich, der sofort lyrischen Wert zeigt. Der Rauch der Zigarette steigt auf und scheint zu »fliehen«, so hoch wie ein Adler
fliegen kann. Um sich dies vorzustellen, müßte man den Kopf
zurückwerfen (wie Parzifal bei den Wolken), um dann das Auge
»ganz allein« aufwärtsfliegen zu lassen. Das Motiv »Adlerauge«
wird dabei angedeutet. Es folgt ein etwas dunkler Vergleich:
»Wie der Adler ist der Ruf« – und sobald der Vergleich gesagt ist,
ist der Ruf »davon«, d. h. wie der Vogel davongeflogen. Es wird
nicht sofort klar, was dieser Ruf bedeutet, zumal die Andeutung
an die Adlerin überhaupt rätselhaft bleibt. Die nächsten Zeilen
aber dürften den Ruf mit der Litanei, also: mit dem *Gedicht*, dem
Ruf des Dichters, verknüpfen lassen. Der Adler wird nun mit
dem Wolf verglichen. Beide sind kräftige Raubtiere, beide sehen
scharf, beide werden vom Dichter um diese Eigenschaften benei-
det. Alexanders eigene Litanei schließt mit der Anerkennung
dieses Wunsches und läßt durchblicken, daß das ganze Gedicht
ein Traum der dichterischen Phantasie ist. Der Dichter möchte
wie ein Adler sein, d. h. auch wie der Rauch fliegen, wie der Ruf
davonfliegen, wie der behende Wolf sehen und dichten (»sich
seine Litanei denken«). Wenn er über diese Fähigkeiten verfügte,
wäre er der vollkommene Dichter und könnte über alle Zonen
seiner künstlerischen Welt Herr werden, wie der über eine Landschaft kreisende Adler.

Die letzte Zeile dieses Gedichts scheint eine besondere Pointe
zu enthalten: »Da ist die Welt für mich allein.« In bezug auf das

dichterische Werk Alexanders, könnte man darauf schließen, daß hier der Wunsch ausgedrückt würde, er könnte einmal seine Poesie, seine »Welt« als autistisches Eigentum genießen. Die Bedeutung geht aber weiter. Wir sehen hier einen geheimen Wunsch nach Beherrschung *der* Welt, d.h. der Welt der gemeinsamen Wirklichkeit. Obwohl diese Interpretation etwas gewagt erscheinen mag, glauben wir nicht, daß Alexander hier allein an die Welt der Dichtung denkt. Die Dichtkunst zu beherrschen ist ein Ziel, zu dem er schon gelangt ist. Wonach er hier strebt, ist das Beherrschen von dem, was außerhalb des wörtlichen Raums liegt. Die Welt *für mich allein*? Die Welt der Wirklichkeit besteht jedoch nie für den einzelnen allein. Er muß sie mit anderen teilen. Existentiell betrachtet kommt diese letzte Zeile also an die Grenze der Anerkennung der Verfremdung von der Gesellschaft, doch nur an diese Grenze. Ein Gefühl der Wehmut wird mitgeteilt. Das Gedicht ist ein Erfolg als Ausdruck einer Phantasie und als implizite Anerkennung seiner Unzulänglichkeit.

Seit Mallarmé ist es eine geläufige Erscheinung, daß das Gedicht einen poetologischen Kommentar über sein eigenes Wesen einschließt. Alexander macht keine Ausnahme. Immer wieder treffen wir in seinen Schriften Bemerkungen über die Prozesse und die Ziele des Schreibens. Ein Beispiel einer solchen Bemerkung dürfte diese Einleitung in sein Werk zusammenfassen:

    a + b leuchten im Klee.
    Blumen am Rande des Feldes.
    die Sprache.–

Wie zauberhafte Farben gegen den dunklen Klee eines Feldes sieht Alexander die Buchstaben, aus deren Zusammenspiel das Gedichtete zustandekommt. Fast kindisch wirft er diese Sprachelemente in das Feld des Blattes, auf dem er schreibt. Manchmal, scheint es, fallen seine Wörter nur auf kargen Boden, und das Gedicht ist leblos. Manchmal auch wächst der Klee so tief, daß seine Äußerungen darin unsinnig versinken und kein Licht entsteht. Kommunikation ist für ihn nie ein leichtes. Zum Glück aber findet er manchmal den rechten Boden, den fruchtvollen Samen. Dann fängt das Gedicht an zu leben, zu blühen, für uns eine Rede zu sein. Dann entsteht im Dunklen der Sprache endlich ein Licht, das heraufschimmert. Die Wörter erleuchten sich in gegenseitigem Widerschein: a und b leuchten im Klee.

Sehr verehrter Herr Primarius!

Dies ist nun schon der zweite Brief, den ich an Ihre Adresse richte. Den ersten habe ich allerdings nach einer heftigen Diskussion mit Ihrem Sohn, meinem kostbaren Freund, wieder zerrissen. Walter hat mir plausibel gemacht, daß es bedauerlicherweise zu früh wäre, sich gegen die schulterklopfenden Bewunderer und Annektierer der psychotischen Dichter und Maler zu wenden. Gegen jene, die Alexander am liebsten im PEN- oder Anti-PEN-Club verankern würden, jene die vielleicht einzig und allein deshalb den Splitter einer Unsterblichkeit erringen werden, weil sie im Zenit ihrer lächerlichen Karriere über Herrn Herbrich Klugscheißereien darboten.

Ich wollte den Versuch beginnen, den Erstgeborenen der Sprache vor dem Pontifikalamt der Buchstabenhausierer zu schützen, die ihn voll in die Mode drängen werden, wofür die infame Narretei des Schriftstellers Kipphardt bereits eine gefährliche Ankündigung ist.

Dank Walter begreife ich aber, daß die erbärmliche Situation eines O. T., eines Artur, eines Alexander sehr wohl unserer Solidarisierung bedarf. Ich kann also einem Bedeutenderen helfen, indem ich meine Begeisterung und Ehrfurcht vor seinen geheimnisvollen Arbeitsergebnissen exhibitioniere, den Schrecken beschreibe, den mir das Lesen seiner bestürzenden poetischen Protokolle vermittelte.

Alexander produziert nämlich ohne jede abendländisch schöngeistige Zucht das bedeutendste Stück deutschsprachiger Lyrik seit H. C. Artmanns ›Landschaften‹ aus dem Jahre 1966. In den Fangeisen seiner Assoziationen finden wir beinahe ausschließlich prachtvolle, wilde, seltenste Tiere. Seine geniale Begabung besteht isoliert, in keinerlei wissentlichem Zusammenhang mit der Literaturchronik. An der Spitze ihrer eigenen Evolution schlägt sie einem das Alphabet um die Sinne und verkündet den Ausnahmezustand im Bereiche der Grammatik eines Thomas Mann oder des ehrwürdigen Heinrich Böll. Alexander steht mit beiden Füßen fest auf dem Boden seiner persönlichen Hölle, liefert die Personalien gefallener Engel, gibt den Dingen ganz seinen Wert.

Von der Poeterei der professionellen Szene unterscheidet er sich unter anderem durch die Unfähigkeit, aus eigenem Antrieb antworten zu können. Er bedarf der Wünschelrute, des Auslösers, um seine geträumte Wirklichkeit preiszugeben. Alexanders Kreativität hat mit jener eines sogenannten Künstlers wenig zu tun, denn letztere biedert sich an, wendet sich an die Menschen oder zumindest an sich selbst. Alexander aber wartet in seinem peinigenden Film und wird von der Krankheit als biederer Radiohörer, Kuchenesser und Rauchliebhaber getarnt. Seismographisch gibt er sich als Non-aktiv-Zone und könnte tief schlafen, ohne je eine Zeile geschrieben zu haben. Artaud konnte das nicht und Raymond Roussel auch nicht und Beckford nicht, und meine Wenigkeit verfällt dem schlechten Gewissen, sooft die Eintragung in das Sprachkassabuch unterbleibt.

Wir müssen uns daran gewöhnen, daß tief unter der offiziellen Kulturgeschichte und der inoffiziellen eine weitere katakombische existiert, deren bizarre Eigenart im völligen Fehlen einer Selbstäußerung zu finden ist. Symphonien, Bildwerke, Romane, anarchische Spektakel im Sperrbezirk, in einer Art verbotenen Stadt der Innenwelt. Insofern darf man O. T. selbstverständlich nicht mit dem malsüchtigen Opitz vergleichen, und Alexander nicht mit dem wirbelnden Artur.

Der Dichter Alexander Herbrich gehört zur auserwählten schmerzhaften Gruppe der Verschwiegenen, und ohne Ihre Hilfe, sehr verehrter Herr Primarius, hätte er sich wohl vollends verschwiegen, und unsereins wüßte nicht, wie unerreichbar hoch die Latte liegt, der unsere Sehnsucht gehört.

Mit den herzlichsten Grüßen, auch an Ihre Familie,

Heller

ernst jandl:

roß und reiter

für alexander

gestern noch auf stolzen rossen
heute durch die brust geschossen
hoppe hoppe reiter
vater hilft dir weiter
vater springt zur todesstund
dir als lufthauch in den mund
breit sich aus ins hirn
zeichnet deine stirn
breit sich aus ins herz
treibt dich friedenwärts
nimmt sich nicht zurück
hilft dir auf dein glück
ist ein hölzern roß
eisern wurfgeschoß
schießt den reiter ab
morgen in das kühle grab

dezember 1976

Friederike Mayröcker:

UMNACHT (Ahn) (Ahnung) (hierluft) :
ALEXANDER-COLLAGE

Die Feuer, Leidschaft ins Gesicht
geschlagen nämlich Süden
ohne je Löschung abgestillt entwöhnt
es schnellt mich ins
nichts
wie Mond dies Jahr
schwindend so leiblos schwebend mein
Todesverlangen
wölfisches, die Geiser
Haarbüschel
knietief in Sägemehl, Populationen
Tosen und Trübung, meine.

Kellertrift Engelsholm jägerzornig
bin ich nicht aber
kehlschlag

da sah er wie im Wagen rollte
wo das Herz im Herzen Holz schlug.

Zwei Gewitter, eine dreiviertel
Nacht liegen zwischen solchen Bagatellen.
Eine jauchzende
Vergeblichkeit,
also.

Also wie der tiefe
Stein
ins Herz fällt geht nichts geradeaus aber pflanzt
in Wellenkreisen sich fort

nämlich der apern Täler weiszlich ge-
schnürter Kranz Tränen Eises, woran das Herz hängt oder denkt
am hellsten, Herz-Gehege
das seither Gedicht
(engl. falkenhals,
ash-painting..)

dieses Glänzen und von Pappeln
Flimmern
rotiert
eine auferstandene Sonne in mir, heftig Wahn.
Fetische. Ruten. Die Phalanx, Flusz
der Phloxe, Farnkraut. Fliegenpilze. Die schlanken
Alleen, die Zunge
des Sees, die jungen
Frauen. Struppige
Mirabellbäume entlang der
Strasze, Wiesenenzian.

An einem fremden
Ort. Die Wendigkeit der Kiemen-
flossen Zierbildchen
Luft.
Wie ein Adler.
gern zu heben von der Adlerin.
sie flieszt eiskalt erhalt.
Der Berg herluft sich selbst,
                    ganz blasz.

Nilwasser, leibliches
Gewimmel, Adrenalin, verwildeter
Atem, alles
durchschaubar. Die Wörter fahren
als Stichflammen aus meinem
Kopf, die kleinen
Schlangen im Garten. Die rote
Spur, eng/engel gepreszt und
in jeans.
Die wortlosen, die Pferde, die ab-
gehalfterten Pferde
was für ein Bild!
ein zu schlachtendes
Bild, Buddha und Lamm.

Aufwärts mit Tarnästen, *ein Plagetier*
Erhebungen Tränen, die Löschungen
meines.
Echogeläute, früher Amseln, inmitten.
Dann öffnen sich wieder die

Schleusen. Die gurrenden fliegenden
Fliederbüsche, nämlich
leibenfrost.
und stach im in das Fell und fiel
ein semi-
Fell von braunen Zar.

Als die Fuszbrücke einbrach, zu vier
Händen für zwei Klaviere, will ich den Wahn eines
Schumann eher als Mahler, Clara Schumanns
Liebe zu Brahms. Interieurs, *Das Kreuz wird hellobarde*
das Mittagslicht ist schön, ein Zwang sich zärtlich
eingeschlossen fühlen, kurzatmig, euphorisch. In diesem
Geviert das immer nur die gleichen engen
Formen zuläszt

die gelben
Mohnstauden schräg,
violett, geköpft
nach dem Gewitter tritt
der Wald felswärts, rosige
Skala,
glissando-
Effekt im Blick.
Feuerhut schwenkend, Federwind.
Pepita Pfefferdorn samt Ambiente.
Halb-sieben rasselt Wiesenmolkerei.
Milchkehre, rote Pappelrosen.
Laubhütte, Zäune, Leinen.

In meinem Kopf die Kinderrassel.
In meiner Brust die Feuerwalze.

Die schrägen Schatten feurig von.
du, stolze Bergwelt in der Land-
schaft welken – und
weinend jeder Morgen bricht

ach, weiter ist nicht, die Türme.

(Kursiv Gedrucktes bezeichnet Textstellen aus Alexanders lyrischem Werk.)

Reinhard Priessnitz:
pathologie und poesie

für alexander

Die Mondesröte fleht ins ferne Land hinein. / Vergnügt, und deine Wasser steigen, die / Hüften hoch ins ferne Land – hinein! es fällt, was die wirkung dieser zeilen angeht, nicht leicht, zwischen dem gedicht mörikes und seiner paraphrasierung durch alexander einen grundsätzlichen unterschied zu treffen; jedenfalls keinen, der einleuchtender wäre als jeder beliebig erstellte. die kriterien dafür, wann und wieso etwas als etwas bestimmtes (besonderes) zu verstehen sei, sind in erster linie von den instanzen der überzeugung, übereinkunft und überwältigung ausgefertigte passierscheine: durch sie legitimierte personen oder sachen erhalten, von den institutionen sanktioniert, erlaubnis, in die felder und gebiete des passablen, gültigen, kurz, des pragmatischen einzureisen. *Der Lehrer hat uns in der Schule gelehrt, daß Poesie eine Dichtung ist.* in der welt der tatsachen und dinge, der wahrnehmung und wirklichkeit (inklusive des beides korrelierenden wahns) gilt alles darin befindliche als wohl und wissenschaftlich situiert, obgleich seit einiger zeit über gründe und methoden der ausfertigung, sowie über die arbeitsweise der instanzen, psycho- und soziologie vorsichtig erklärungen dosieren.

diesen möchte sich der folgende beitrag nur bedingt anschließen. sein ziel ist es, anhand der dichterischen arbeiten alexanders auf einige vernachlässigt gebliebene komponenten literarischen produzierens aufmerksam zu machen und wieder ein bißchen dunkel in die einhelligkeit der landläufigen auffassungen zu bringen.

vorweg etwas über den hintergrund literarischer beurteilung: in der tat kulminieren die klassifikationen und kategorien von dichtung jeweils historisch in theorien, die auf induktivem wege (sei es aus welcher – ohnedies meist politischen – absicht auch immer) erzielt wurden und implizite forderungen enthielten. wenn dennoch stets eine bestimmte art von insuffizienz merkbar durch die subsumptionen sinterte, so deshalb, weil sich im Verlauf besagter kontrollen häufig widersprüche ergaben, welche die theorien als grobe verallgemeinerungen auswiesen und sie so als unbrauchbar bloßstellten. insbesondere die seit der romantik entstandenen werke und konzepte (bis zu den antigrammatischen positionen der moderne) und ihre aufnahme durch die gesellschaft haben die klassischen anschauungen ins wanken gebracht oder zu antagonismen zu provozieren gewußt, die deren restaurativen und (auf den status quo) beschränkten charakter offen zutage treten ließen. zwar gab und gibt es des öfteren rettungsversuche jener offenbar für so unumgänglich erachteten wertbegriffe, aber assimilation und integration erwiesen sich letztlich als die für den zweck des beikommens effektiveren mittel. die opposition gegen die regeln verursachte ein driften der postulate in fragwürdigkeit oder eben reformen. allerdings räumten letztere noch immer einigen sekundären merkmalen der ästhetik vorzugsstellungen ein und verliehen diesen nicht näher besehenen idealen in den umlaufbahnen der axiologie dominanz. damit legten sie gleichzeitig richtlinien, wie dichtung auszusehen habe, fest, steckten, was für den fortgang des schreibens von nicht zu unterschätzendem einfluß war, gleichsam das terrain. das deklarierte dann auch die handhabung der sache zu ihrem wesen. *(Die Sprache ist dem Tier verfallen, / und mutet im a des Lautes.)*

eine nähere untersuchung des sprachgebrauchs als dem interdependenten konstituens von wirklichkeit und bewußtsein im zusammenhang mit dichtung blieb solange unangetastet, solange seine ergebnisse mit dem offiziellen wirklichkeitsbegriff (und jedem davon geäußerten gefühl) in einklang gebracht werden konnten, solange sich also die ihm zugrunde liegende denkweise zu behaupten vermochte. abweichungen, deformationen wurden entweder als sinnleer abgetan oder in einem deutungsprozeß mit sinn versehen, dem wahrnehmenden kollektiv als unikater, subtiler ausdruck individueller empfindung präsentiert. gleichwohl gelangte sinn nicht zur untersuchung. die setzungen der dichtung durften mit relativer narrenfreiheit versehen, die bürgerwelt passieren[1]: sie tangierten die soziale organisation zumeist nur ver-

---

[1] die kritik – häufig substitut der justiz – inkriminierte literatur dann, wenn diese zu bestehenden oppositionelle denkweisen unterstützte und entwickelte. sie stellte sich so in den dienst des im gesetz und somit im erziehungs- und moralprogramm festgelegten sittlichkeitsgefühls. die urteile gelangten indes vielfach zur revision und, über eselsbrücken, zur adaptierung. *Die Hoffart ist die Hoffnung in art* – das erklärt, warum bewegungen, die die ihnen oktroyierte sphäre der kunst verlassen und politik werden wollen (dadaismus, surrealismus etc.), schließlich

brämend und affizierten keine analyse, die das auf sprache proji-
zierte gefühl in zweifel zu ziehen geeignet war oder innerhalb
eines konstruktionsprinzips von realität elemente einer etwaigen
dialektik des symbolischen aufzudecken trachtete; und geschah
dies doch, so standen andere motive des verdachtes im vordergrund. *(Schwarz ist auch dunkel.)*

heute hat sich bezüglich der dichtung ein konsens auf zwei
ebenen etabliert: einer, der jeden potentiellen schatten über den
heiligtümern der obsoleten anschauungen in einer umformung
zu absorbieren weiß und, in progressiver spielart einer, der es mit
der proklamation sogenannt offener systeme recht nichtssagend
hält. *(die katze ist ein Lamm des Friedens. / so denkt ein Dichter
seiner Zeit.)*

eben dieser, in den bereichen des kommunikativen und sozialen ansässig gewordene konsens verkörpert selbst eine merkwür-
dige geschichte, über die u. a. foucault einige aufschlußreiche
studien veröffentlicht hat[2]. in den deskriptiven (oft zu präskripti-
ven werdenden) prozessen menschlichen selbstverständnisses
geht es dabei um die fundierung des normalen als dem evidenten
kriterium alles verhaltens in verbindung mit vernunft. durch
aufklärung begründet, von der politik beschlossen, wurde »le-
benssinn« nach und nach durch wissenschaftliche methodik päd-
agogisch programmierbar, ideologie, und die sozialen und
pragmatischen verhältnisse, gleichfalls von der wissenschaft für
gut geheißen, implikatoren für verwirklichung.

alles nun nicht an dieses norm- und ordnungssystem angepaß-
te (alles als asozial, subversiv, wahnhaft, besessen, magisch, als
eben nicht dem system selbst zupaß kommend verdächtigte)
gelangte, wo es die umstände nicht ohnedies eliminierten, in den
unfreiwilligen genuß einer auf reintegration ins normengefüge
abzielenden behandlung, deren resultate überdies von höchst
unterschiedlichen faktoren abhängig sind und eine gerechte und
unpolemisch gedachte einschätzung schwer machen. oder, in
alexanders formulierung: *Der Arzt zieht die Nummer, / dann
/ dem Patienten eine neue Seele an.* für die kunstproduktion, die

---

doch in den museen gelandet sind. und was tatsächlich skandale auslöste, bleibt
vielfach auffrisierten legenden überlassen.

[2] Michel Foucault: Psychologie und Geisteskrankheit. Frankfurt a. M. 1968;
ders.: Wahnsinn und Gesellschaft. Frankfurt a. M. 1969; in etwas anderer, gleichfalls aber interessanter sicht: Thomas S. Szasz: Die Fabrikation des Wahnsinns,
Olten 1974; und Jean Starobinski: Besessenheit und Exorzismus, Kempfenhausen
1976.

nur ein kleiner, wenn auch bedeutsamer sonderfall innerhalb dieser erreichten position (und zuweilen ihr widerpart) ist, machten sich die theoretiker daran, präventiv immer neue verbindungen zu den sich stabilisierenden kommunikationsbedingungen herzustellen.

unter sie fallen auch diejenigen der als »schizophrene kunst« bezeichneten erzeugnisse. gewisse züge ihrer augenblicklichen hausse wären, wie die in anderen kunstströmungen, kritisierbar; viel wichtiger aber ist, daß der kontext, in dem sie in so mancher hinsicht stehen, anlaß zu überlegungen gegeben hat, vorgänge oder zustände, die zu solchen produktionen führen (und damit auch viele ergebnisse und prozesse jedweder kunst) erneut zu überdenken und anders als bisher zu beurteilen.

auf die schizophasie bezogen: zunächst läßt sich eine trennung der durch den wahn oder sonstige zustände des bewußtseins (inklusive der auf »normalem« wege zustande gekommenen) geleisteten spracharbeit als von dem begriff der dichtung separiert nicht mehr aufrecht erhalten. dies einmal, weil sich die verhältnisse, unter denen die hervorbringung von poesie im herkömmlichen sinne betrachtet wird, als mit zu vielen tradierten (suspekt gewordenen) mythen behaftet zeigt, die aufgrund so vieler ausnahmen und gegenbeispiele die ihnen zugedachte relevante rolle nicht mehr zulassen. viele und verschiedene formen der dichtung und der modi ihrer entstehung sind denkbar und wurden auch praktiziert[3]. sie alle warfen auf die phänomene der gestaltung ein bis dahin nicht vermutetes licht. und schließlich ergaben sich auch in der reflexion über mittel und konstituenten beim gestalten von sprache unter der berücksichtigung der schizophasie neue ansatzpunkte für die literatur.

als plädoyer für die arbeit alexanders: dichtung (kunst) könnte jede, mittels eines mediums formalisierte äußerung genannt werden, die jenseits lediglich intentionaler kommunikation wirkungen zu evozieren imstande ist, die einen hinweis auf die distanz zu jener zweckgerichteten sphäre erlaubt. d. h., mit jakobson,

---

[3] einmal koexistieren in einem zeitabschnitt, wie aus jeder literaturgeschichte leicht ersichtlich, eine beachtliche anzahl von stilen friedlich oder hostil miteinander und mit ihnen postulate, programme etc. zum anderen weisen die biographien immer auf bestimmte spezifika eines autors hin; auch in deren selbstverständnis herrscht vielseitigkeit. schließlich gelten viele dichter geradezu als die außenseiter schlechthin. seit Lange-Eichbaum ist es heute etwas lächerlich, darauf zu verweisen. tatsächlich gibt es eine erlauchte ahnenreihe sogenannter wahnsinniger oder stark psychopathischer autoren.

daß die wörter und ihre zusammensetzung, ihre innere wie äußere form nicht nur indifferenter hinweis auf die wirklichkeit seien, sondern eigenes gewicht und selbständigen wert erlangten[4]. in o. wieners formulierung könnte kunst » ... die wissenschaft des besonderen; kritik der wahrheit, erkenntnistheorie ... bloßlegung, -stellung des künstlers ... eine soziale gefahr, eine gefahr für logik und konsens« sein[5]. in einer weniger radikalen, mehr der position des rationalismus verpflichteten version wäre dichtung als ein bedingt meßbarer performanzzustand der sprache aufzufassen (wenn, nach bierwisch[6], eine poetische kompetenz angenommen wird). dennoch treffen alle die hier angeführten skizzierungen dessen, was von dichtung gesagt werden könnte, erstaunlich gut auf alexanders arbeiten zu.

in jedem falle besteht da noch das problem meiner interpretationsfähigkeit *(da war es aus mit drum und dran. / die Welt sah anders aus),* die, gleichsam zuletzt über das, was dichtung ist, entscheidet. außer dem vagen, intuitiven gefühl, daß mir etwas, was ich unter anderen formen von mitteilung selektiert habe, als eine scheine, bediene ich mich der konzepte, vorstellungen und modelle, d.h. aller jener informationen, derer ich durch erziehung (intelligenz?) habhaft geworden bin und die zunächst mein verständnis (in einem weiter oben ausgeführten sinne) relativieren. der rest ist arbeit. so wie ich in diesem aufsatz meine ansichten mit zitaten aus den dichtungen alexanders garniere, sie in einen kontext bringe, nutze ich die mir zur verfügung stehenden verfahren und zwar, weil von verschiedensten umständen abhängig, auf inkommensurable weise. wähne ich abweichungen sprachlicher setzungen (korrelate zu normen, an deren funktionieren ich zu glauben habe[7]), so beginne ich je nach interesse,

[4] Roman Jakobson: Poesie und Sprachstruktur. Zürich 1970; ders.: Aufsätze zur Linguistik und Poetik. München 1974.

[5] Oswald Wiener: Max Bense 65 Jahre alt. In: Gedanken, März 1975, Berlin; ders.: Subjekt, Semantik, Abbildungsbeziehungen. In: Manuskripte (auch hier ein interessanter ansatz, ebenso wie in: Typische Scheisse, hrsg. von Oswald Wiener und Dieter Roth. Neuwied 1973); und schließlich: Sprache und Geisteskrankheit. Manuskript des Senders Freies Berlin, Sendung vom 25. 11. 1969.

[6] Manfred Bierwisch: Poetik und Linguistik. In: Mathematik und Dichtung, hrsg. von H. Kreuzer und R. Gunzenhäuser. München 1965.

[7] G. A. Miller: Sprache und Psychologie. In: Neue Perspektiven in der Erforschung der Sprache, hrsg. von E. H. Lenneberg. Frankfurt a. M. 1972; er meint hier: »In seiner allgemeinsten Form ist es daher der Glaube, der der Sprache ihre mächtigste Kontrolle über unser Verhalten verleiht.«; ders.: The Psychology of Communication. Harmondsworth 1968.

erwartung, erkenntnis, meiner fähigkeit zu transformieren (was in was eigentlich?) mit dem proben des verstehens. ich widme den ausführungen hier deshalb privaten explikationsraum, um auf die allgemeine schwierigkeit, mit der es die erstellung einer textpoetik zu tun hat, drastischer hinweisen zu können, schon weil sie das von mir angedeutete ja zu generalisieren hat. aber außer in form von berieselung und vorurteil ist es generell nicht leicht, texte einzuschätzen, und jeder leser wird sich, will er aus der lektüre von dichtung gewinn ziehen (und zwar einen außerhalb der zu konventionen gewordenen klischees), einer bestimmten anstrengung unterziehen müssen. dazu noch zwei beispiele: werden elemente aus einer sequenz, in der hoffnung, zu aufschluß über deren strukturen zu gelangen, auf ihr vorkommen hin statistisch zu erfassen versucht, so macht deren austauschbarkeit (die reihenfolge bestimmt ja der sinn, den ich dem geschriebenen gebe) das ergebnis belanglos *(Der Ton ist schön. /guter ist der Ton.)*, probiert man, zum anderen, teile und ganzes eines textes auf besonderheit und einzigartigkeit hermeneutisch auszulegen, so bildet die jeweilige verstehenskapazität eine wieder vorläufige und nicht näher bestimmbare grenze (eine erweiterung derselben wäre jederzeit möglich) und hält somit das resultat in schranken. *(Das Auge sieht so wie ein Psalm.)*

aber dennoch – wir würden sonst vor jedem werk unbarmherzig scheitern – sind es diese parameter poetischer funktionen in verbindung mit dem durch sie konkret sich konstituierenden text, die der dichtung und mit ihr auch der schizophasie epistemologisch bedeutung verleihen können[8]. sich abseits von bloßer evokation (die ihrerseits nach einer begründung verlangte) mit einem poetischen gebilde einzulassen, heißt, eine auseinandersetzung mit dem usuellen sprachgebrauch herbeiführen und in die diskrepanz zwischen formulierung und »formulierung« einblick zu gewinnen. dazu mag es selten kommen; gleichwohl ermöglichen solche sprachlichen fügungen aktivierungen unseres perzeptionsapparates, die virtuell mehr als interesseloses wohlgefallen daran *(Der Tod in der Schule als Mädel)* hervorzurufen. versprechen. dichtung, die die bezeichnung zu recht verdienen will, oszilliert stets zwischen festgelegter empfindung und ver-

---

[8] Leo Navratil hat z. b. in einer darstellung der in den gedichten Alexanders vorkommenden rhetorischen figuren (tropen) sehr schön auf sekundäre stilmerkmale in der sprachverwendung hingewiesen; diese tropen verdienten zweifellos wieder mehr aufmerksamkeit. Leo Navratil: Schizophrenie und Sprache. München 1966.

suchter überschreitung jener durch sprache; sie strapaziert derer identität, indem sie von der kommunikation abrückt. und ähnliches geschieht offensichtlich in zuständen, die als pathologisch angesehen werden, und macht die einordnung von poetischer texten und sprachpathologischen ausdrucksformen in linguistische systeme und überhaupt in sprachtheorie so schwierig. – zum anderen wird aber eine, sich den phänomenen der sprache zuwendende theorie die als störungen (deformationen etc.) diagnostizierten äußerungen schwerlich aus dem feld ihrer untersuchung ausschließen wollen, will sie nicht von vornherein auf grundsätzliche ansprüche ihrer disziplin verzichten und sich mit geringfügigkeiten (segmenten) bescheiden. ehe also alexanders poetische hervorbringungen von seiten einer linguistik oder literaturtheorie auf einem wissenschaftlichen fundament klassifiziert werden können, wird sich der an den texten gefallen findende auf sich (und seine informationen) verlassen müssen.

nun noch zur psychopathologie, unter die auch die arbeiter alexanders gezählt werden: sie hat, was ihre divergierende ätiologie, einteilung und therapie durch die verschiedenen richtungen der psychologie und psychiatrie betrifft, in letzter zeit sehr viel kritik erfahren[9]. sogar der begriff der krankheit wurde angezweifelt; abgesehen von den verschiedenen begleitumständen der internierung auf dauer und der zustände in jenen anstalten im besonderen. es würde aber das thema bei weitem überschreiten sollte die kritik hier im einzelnen wiedergegeben oder diskutiert werden. relativ positiv an den an sich prekären verhältnissen der psychiatrie ist allein die tatsache, daß sich einige wenige ihrer vertreter den phänomenen der gestaltung (auch wieder aus unterschiedlicher absicht heraus) ihrer patienten gewidmet haben und daß so einiges an material zugänglich wurde. es könnte, nicht nur für den arzt, sondern auch für andere geeignet sein, über das verhältnis von sprache und bewußtsein zu neuen, aufschlußreichen aspekten zu gelangen. *(Das Gesicht ist der erste Blickfänge / des Menschen.)* die aus der sicht des arztes in verbindung mit der anamnese mögliche zustandsspezifische kommunikation, auf die leo navratil verwiesen hat[10], ist ein sicherlich interessanter, wenngleich mühevoller und viel einsicht erfordernder ansatz, der ver-

[9] Ronald Laing: Phänomenologie der Erfahrung. Frankfurt a. M. 1969, sowie Das geteilte Selbst. Köln 1972, und mit ihm viele andere vertreter der »anti psychiatrie«.
[10] Leo Navratil: Zustandsspezifische sprachliche Kommunikation mit Schizophrenen. Bibliotheca psychiatrica, 154. Basel 1976.

mutlich nur von wenigen nachvollzogen werden kann. ein letztes noch zu der beziehung zwischen pathologie und poesie, krankheit und kreativität: wenn sich hier berührungspunkte mit zeitgenössischer dichtung ergeben, so deshalb, weil sich bestimmte erscheinungsformen in alexanders gedichten mit tendenzen heutigen schreibens vergleichen lassen und so, im sinne einer synthese, einen neuen ansatz für die einschätzung von dichtung zu eröffnen in der lage wären.

gemeinhin wird schizophrenie durch symptome der inkohärenz des denkens, handelns und der affektivität gekennzeichnet. es scheint sich um störungen der kommunikationsfähigkeit zu handeln, um dissoziation und diskordanz, um idiosynkrasien der wahrnehmung etc., die im verhalten des betroffenen ihren ausdruck deutbar machen. einem solchen menschen sind, so hat es den anschein, große teile der wirklichkeit (ihr funktionierendes prinzip gewissermaßen) verdächtig, deren objektivierung durch abbildung fremd oder verzerrt. *(nein leider weiter geht es nicht. / als bis zu mir herein.)* in zuständen der alienation partizipiert ein solcher mensch mit seiner umgebung durch systeme, die ihm eine orientierung in einem ganz bestimmten sinn erlauben (er hat ja, einer bemerkung chestertons zufolge, alles verloren, außer seinen verstand), und er ist häufig versucht, sich als außerhalb seiner ihm durch die gesellschaft auferlegten definition als etwas anderes zu sehen. es könnte sein, daß er auf diese weise mit den ihm noch verbliebenen mitteln seiner ausdrucksfähigkeit eine rudimentäre, aber auch symbolische gestaltung seines zustandes in die wege leiten möchte. da ihm die verbindlichkeit alles kommunikativen verloren gegangen zu sein scheint, ist er möglicherweise um so mehr auf ritualisierungen, auf kreativität angewiesen. seine arbeit jedenfalls ist, sei sie nun in unserer sicht stereotypie oder manier, selbst in den offensichtlichen übertreibungen, entstellungen oder im vermeintlich spielerischen stets ernsthaft. dies, was die formale arbeit angeht; nicht die, ihm sowieso suspekt gewordenen semantischen inhalte, die er, je nach konzept, auf verschiedene weisen einsetzt; aber auch dafür gibt es keine generelle regel. er gerät in das dilemma, einerseits die kommunikation abzulehnen (ihren einfluß belastend, fraglich zu empfinden) und doch (da sein verhalten ja seinerseits kontrolliert, gedeutet und etikettiert wird) kommunizieren zu müssen. gerade aber jene prozesse, in denen er mit seinen störungen fertig zu werden trachtet, können ihn durch intensität, disposition und die kraft, mit der er zu werke geht, in unseren augen zum künstler machen.

in der zeitgenössischen literatur, mit ihrem merkwürdigen markt und ihren vielen nichtswürdigen diskussionen haben manche schriftsteller ihr unbehagen in arbeiten zu artikulieren versucht, die denen schizophatischer produkte recht ähnlich sind. wenn auch von anderen theoretischen oder intellektuellen positionen her beschäftigen sich einige ihrer werke mit der normiertheit und dem zeitweiligen ungenügen der sprache; auch sie fühlten sich in das prokrustesbett der parameter und prämissen gezwängt und drängten mit ihrem können, diesem zustand zu begegnen. da überdies das diskreditierende am wahn für viele heute inexistent geworden ist – sie ziehen, im gegenteil, den abschätzig so genannten wortsalat psychiatrischer patienten dem literarisch immer wieder aufgewärmten brei der zeitgenossen vor – und außerdem die belastung, die der wahn auf das normale ausübt, korrelativ und als genugtuung gesehen wird (wer schließlich droht nicht an den aberwitzigkeiten unserer für heil ausgegebenen welt mitunter irre zu gehn?), steht einer emanzipation schizophatischer produkte nur das am integrierungsvorgang zweifelhafte im wege. aus anderer sicht bedeutet dies nicht, der wahn solle erklärtes ziel der kunst werden und jeder internierte in einem vermeintlich überlegenen zustand verbleiben; es heißt lediglich, daß für die zukunft jene menschen nicht vergessen werden sollen, daß uns so manche ihrer versuche respekt abnötigen und daß uns durch den wahn unsere eigene armseligkeit ein wenig mehr gewärtig sei.

Gerhard Roth:
langsam scheiden
Ein Besuch bei Alexander

Als ich das Niederösterreichische Krankenhaus für Psychiatrie und Neurologie in Gugging bei Klosterneuburg betrat, stand ein schmutziger Leichenwagen vor einem der Gebäude, und vor dem Pförtnerhaus kehrten Insassen in Anstaltskleidung den Asphaltweg. Eine Patientin mit wirren Haaren sprang neugierig hoch, um über den Rand der Milchglasscheibe in den Leichenwagen zu sehen. Sie schaute mich an, wie man jemanden anschaut, den man zu einem Gespräch auffordern möchte.

Alexander wartete vor dem grünen Pavillon, in dem sich die geschlossene Männerabteilung befindet. Nachdem Primarius Navratil uns miteinander bekanntgemacht hatte, gingen wir in den Anstaltspark, wo wir uns auf eine Bank setzten. Vor zehn Jahren hatte ich das erste Gedicht von Alexander gelesen, es hieß ›Der Morgen‹ und war in ›Schizophrenie und Sprache‹ abgedruckt. Ich hatte es in mein Notizbuch geschrieben. Es lautete:

> Im Herbst da reiht
> der Feenwind
> da sich im Schnee
> die Mähnen treffen.
> Amseln pfeifen heer
> im Wind und fressen.

Während wir zum Anstaltspark gegangen waren, war mir aufgefallen, daß Alexander seine Linke hielt, als trage er einen imaginären Spazierstock. Er starrte vor sich auf den Kiesweg und sprach stockend und leise, und ich betrachtete ihn jetzt genauer. Er war klein, aber sein Kopf war groß, und das Gesicht sah müde und alt aus und ähnelte einem Fisch. Er hatte eine Hasenscharte, die er durch den gesenkten Kopf zu verbergen suchte, sie war schlecht operiert und schien ihn zu bedrücken. Von Anfang an machte er einen abwesenden, linkischen Eindruck. Wenn er durch eine meiner Fragen betroffen war, schob er den Unterkiefer, der ohnedies nach vorne stand, weil ihm oben und unten die Vorderzähne fehlten, weiter nach vorn und ließ ihn kraftlos fallen, so daß sein Mund weit offenstand und man die großen, gelben Zähne auf der Seite sah.

Unser Gespräch war nur ein Fragen und Antworten. Ich fragte, er antwortete. Er sprach kaum einmal aus eigenem Antrieb. Er ANTWORTETE nur, wartete auf meine Fragen, starrte vor sich auf den Kies. Er trug keine Anstaltskleidung, sondern einen grauen, schmutzigen Anzug. Er war stolz auf seinen Anzug. Die meisten Patienten haben nicht einmal eine eigene Kleidung. Man hat mir gesagt, daß er gerne rauche, ich bot ihm eine Zigarette an, und er sagte zu meiner Überraschung, er rauche nicht mehr.

Ich fragte ihn, ob er einsam sei. Er nickte. Das hänge mit seinem Fehler zusammen, sagte er und meinte die Hasenscharte. Ich fragte ihn nach seinen Eltern, seinen Verwandten, aber er wollte nicht darüber reden. In die Schule sei er gegangen. Er sei aber alleine gewesen, in der Schule. Gelernt habe er mittelmäßig. Ob er religiös sei, fragte ich ihn. »Katholisch.« Ob er daran glaube? »Ja, die heilige Maria.« Was mit ihr sei? Schweigen. Ob er an sie denke? »Ja.« Er sprach so leise und undeutlich, daß ich Mühe hatte, ihn zu verstehen.

Vom Teich, vor dem wir saßen, erhob sich ab und zu flatternd und schäumend eine Ente, und ich sah den wenigen, müde spazierenden Patienten nach, die an uns vorbeigingen. Ich fragte ihn, was ihm am meisten fehle, und er sagte, die Freiheit. Er starrte vor sich auf den Kiesweg, und sein Unterkiefer klappte herunter, und seine Hände zitterten. Ein Patient, groß, stark, kam vorbei und bat mich um eine Zigarette. Ein anderer mit Anzug und Weste, Schnurrbart, rauchte Pfeife und setzte sich auf die gegenüberliegende Bank.

Alexander machte Pausen zwischen den Sätzen, als müßte er sich überwinden zu sprechen, als tauchten Erinnerungen in ihm auf, die ihn erschreckten und die er abwehren mußte, bevor er weitersprechen konnte. Manchmal verweigerte er eine Antwort. Er konnte schweigen, wie jemand mit einer Antwort sich Respekt verschaffen kann, aber dann zitterten seine Hände so stark, daß ich das Bedürfnis hatte, ihn zu berühren. Ich las ihm sein erstes Gedicht ›Der Morgen‹ vor, er hörte aufmerksam zu und antwortete auf meine Frage, daß er sich daran erinnern könnte und ließ wieder den Unterkiefer fallen. Ich ließ ihm Zeit und fragte ihn dann, ob er jetzt ein Gedicht schreiben könne, mit dem Titel ›Alexander‹. »Nein.« Ich hielt ihm das Notizbuch hin und redete ihm zu, es zu versuchen, und er schrieb in Kurrentschrift:

> Alexander
> In der Schule war ich froh
> In der Klasse war ich immer so
> gelernt habe ich sehr viel
> zu Hause und in zivil
>   Alexander

Auch ein zweites und drittes Gedicht mit den Titeln ›Der Besuch‹ und ›Sommer‹ schrieb er folgsam. Er dachte immer ein wenig nach, ließ sich Zeit, aber es machte nicht den Eindruck von Mühsamkeit. Die Hände, die er zuvor nervös gerieben hatte, zitterten jetzt nicht mehr, sondern hielten ruhig den Bleistift. Ich fragte ihn, weshalb er Gedichte schriebe. »Daß ich besser LESEN kann«, antwortete er. Und was er dabei empfinde? »Eine Erleichterung.« Und ob es ihm gleichgültig wäre, wenn er keine Gedichte mehr schriebe. »Nein.« Warum? Er dachte nach und sagte dann: »Wie gesagt, ich möchte gern nach Hause gehen und Gedichte schreiben.«

Vielleicht ist es an dieser Stelle notwendig, einen kurzen Eindruck von der Anstalt Gugging zu geben. Ich bin mit Primarius Navratil zuerst in die Bastelstube gegangen. Ein kleiner Alter mit Adlernase und vorstehendem Kinn machte sich an den Primarius heran. Sein Oberkörper war so eingefallen, daß das schlotternde Hemd zwischen den Knöpfen geöffnet war. Er beschwerte sich umständlich und kaum vernehmbar. Irgend etwas war mit einer Tasche los.

Navratil: »Wo ist sie jetzt, die Tasche?«

Patient: »Im Bett unter der Matratze.«

In der Anstalt gibt es zu wenig Kästen, kaum irgendwo besteht ein Platz, an dem die Patienten ihr persönliches Eigentum aufbewahren können. Die Kleider müssen am Abend auf einen Wagen gelegt werden und werden am Morgen wieder zurückgegeben. Persönliches Eigentum wird oft mutwillig beschädigt. Und natürlich wird auch gestohlen, wenngleich das Problem besteht, wo man das gestohlene Gut verstecken kann, sofern es nicht eßbar oder zum Rauchen bestimmt ist. Ich habe kaum Nachtkästchen gesehen. »Der Patient würde einen Kasten brauchen«, sagt Primarius Navratil zum Pfleger. Der nickt nachdenklich. Pause. Und wir gehen wieder hinaus. Die Männer, die sich von ihren Plätzen erhoben hatten, schauten uns nach. Auf den Tischen lagen geflochtene Körbe, schmiedeiserne Lampen, Bilderrahmen, und davor standen die Männer und schauten uns noch immer fragend stolz an.

Wir gingen durch den überfüllten Speiseraum und der Oberpfleger zeigte uns einen Schlafsaal mit 20 weißen Betten, sehr sauber, geschrubbter Bretterboden, rot-weißkarierte Bettwäsche. Die Sonne fiel durch große Fenster, als sei sie besorgt, Wärme und Licht zu verbreiten. Die Habseligkeiten der Patienten waren hinter einem blauen Vorhang vor dem Schlafraum untergebracht. Hinter dem Vorhang befand sich ein schmales Brett in Kniehöhe, auf dem Hüte lagen und Taschen und Hemden, einiges hing an Mauerhaken an der Wand, aber im großen und ganzen gab es keinen Platz. In den Aufenthaltsräumen Fliegenfänger, die honigfarben und melancholisch von der Decke hingen und auf deren Papier tote Fliegen klebten. Ich wechselte mit einigen Patienten ein paar Worte, aber ich fühlte mich beschämt, hier eingedrungen zu sein und eine Besichtigung zu machen. Zum ersten Mal dachte ich, daß das Wort EINDRUCK stimmt. Als wir hinausgingen, sah ich den bleichen, runzligen, mageren Alten in Anstaltskleidung, der schon habt acht! gestanden war, als wir eingetreten waren.

Im Gang hielten sich scharenweise Patienten auf. Es gab verschlossene, neugierige, argwöhnische, traurige, leblose Gesichter. Einer kam auf uns zu, entsetzt, empört, in der Hand hielt er einen schönen, dunkelbraunen Filzhut, der an der Krempe dreimal durchstochen war und am Kopfteil einen langen Schnitt aufwies. Er hält uns nur den Hut hin, erniedrigt durch seine Wehrlosigkeit. Ob er einen Verdacht habe? – Nein, das sei schon der dritte Hut! Man habe ihm schon drei Hüte zerschnitten.

Navratil: »Na, brauchen Sie denn einen Hut?«

Patient: »Ja, die Sonne, ich muß ihn aufsetzen.«

Navratil: »Es ist ja nicht so viel Sonne da.« Patient ab.

Ich sah aus dem Fenster in den Anstaltspark und dachte an Alexander. Alles an ihm hatte eine schwermütige Empfindsamkeit ausgedrückt. Selbst seine gestörte, leise Aussprache hatte etwas Würdevolles gehabt. Ein starker Körpergeruch war von ihm ausgegangen, und als ich mich zu ihm hinuntergebeugt hatte, hatte ich in seinem Ohr einen feinen weißen Belag wie Wachs gesehen. Aber es hatte mich nicht vor ihm geekelt; er hatte sich durch jede Erniedrigung, durch jede Demütigung etwas bewahrt, das ihn seine Würde zu behaupten half. Auch wenn er beim Gehen seine Hände leicht nach vorn gestreckt und nach oben zur lockeren Faust geballt hielt, als trage er eine Schürze, verlor er nichts von seiner stillen Würde. Am Nachmittag war der Park voll gewesen mit Anstaltsangehörigen. Sie waren auf den Bänken gesessen, nebeneinander, aber ohne Unterhaltung. Eine Frau in einem roten Kleid, dick, klein, einen Sonnenhut aus Stroh auf dem Kopf, eine Strohtasche in der Hand, kam, uns prüfend ansehend, näher. Wir saßen vor einem gelben Tisch auf einer buntgestrichenen Bank. Ich hatte ihn gefragt, wie er sich die Zukunft vorstelle. Er hatte lange nachgedacht, dann hatte er resigniert die Hände zusammenfallen lassen. Er bewegte stumm den offenen Mund. Einige Zeit lang antwortete er nur mit Ja und Nein. Möchten Sie eine Frau? »Ja.« Mögen Sie Kinder? »Nein.« Was denken Sie über die Liebe? »Gar nichts.«

Ich hatte den Eindruck, daß wir am Nullpunkt angelangt waren. Die große Trauerweide am Teichufer rauschte und die Topfpalmen im Gras bewegten sich im Wind. Ich fragte ihn aufs Geratewohl nach Kindheitseindrücken, und zu meiner Überraschung erzählte er eine kleine Geschichte von einem Hochwasser, das er erlebt hatte und einem Seiltänzer mit Namen Strohschneider, der in Stockerau ein Seil vom Rathaus bis zum nächsten Haus gespannt hatte und mit einer Stange über das Seil balanciert sei. Ich bot ihm eine Zigarette an, und diesmal nahm er sie, ohne zu zögern. Ob er etwas besitzen möchte? »Einen Renault«, sagt er. Er zündete sich die Zigarette an und schaute mich kurz an. Ob er Angst vor dem Tod habe? »Nein«, antwortete er mit Bestimmtheit. Nach dem Tod käme die Wiederauferstehung, die sei »ein schwacher Lichtschimmer«. Ich fragte ihn daraufhin, wen er liebe. »Niemanden«, sagte er ruhig. Und wer ihn liebe? »Auch niemand.« Was er den Leuten, die seine Gedichte lesen, sagen möchte, worauf sie besonders achten sollen? »Der Anfang und der Schluß sind das wichtigste.« Eine Biene summte um seinen Kopf, und er ließ es geschehen.

Ob er jemanden hasse? »Nein.« Auch in der Erinnerung, aus der Vergangenheit niemanden? »Nein.« Ob er manchmal singe? Zu Weihnachten, da singe er ›Stille Nacht, heilige Nacht‹. Ob er es mir vorsingen wolle? Er tut es, ohne zu zögern. Er singt leise und starrt den Kies an. Er singt die ganze erste Strophe. Ich sitze mit einem Mann auf der Bank, der Gedichte geschrieben hat, die zum Schönsten zählen, was die österreichische Lyrik in der Gegenwart hervorgebracht hat, es ist Sommer, und er singt ›Stille Nacht, heilige Nacht‹ für mich. Einmal hat er geschrieben: »Alexander ist ein Prophet des Mittelalters, der es ermöglicht, Gottes Vers zu ebnen Landen in der See des Südens Italia.« Ich frage ihn nach seinen Träumen, ob er sich an einen Traum erinnern könne? »Nein.« Und dann, nach einer Pause, erzählt er, ein Kollege habe drei Steine in der Hand gehalten, auf der Schmierseife war. Er sei mit dem rechten Zeigefinger darübergefahren, und da sei er aufgewacht.

Er hat sich über die Tischplatte gebeugt, und sein Gesicht ist nun vom reflektierenden Gelb der Platte beschienen, und jetzt sieht er aus wie ein trauriger, weiser Chinese. »Die ist besonders schön, die gelbe Farbe«, sagte er auf einmal. Und dann nichts mehr. Die Farbe Blau habe er verehrt, antwortet er auf meine Frage, welche Farbe ihm besonders gefalle. Er schreibt jetzt wieder zwei Gedichte in mein Notizbuch, nachdem ich ihn dazu aufgefordert habe. Eines mit dem Titel ›Der Pfirsich‹, ein zweites mit dem Titel ›Gelb‹. Es sind einfache, kindliche Gedichte ohne Bedeutung, aber vielleicht ist dies seine einzige Möglichkeit, Widerwillen gegen die Aufforderung auszudrücken. Ich frage ihn, ob er nicht mehr Besuch wünsche, und er antwortet, das könne er NICHT sagen. Ein abgefallenes Blatt fliegt über den Tisch; auf dem noch Pfützen vom gestrigen Regen liegen. Das Blatt taumelt vorbei, wird aufgewirbelt, fällt vor seine Füße. Als ich ihn frage, ob er etwas zum Gedicht ›Der Pfirsich‹ dazuschreiben wolle, sagt er entschieden: »Es ist fertig.«

Wir sprechen noch eine halbe Stunde über das Leben in der Anstalt, und er antwortet mir stets willig, aber ohne Anzeichen von Anteilnahme. Wieder fliegt ein Blatt über unsere Köpfe. Ich mache ihn darauf aufmerksam und sage: »Blatt« ist ein schönes Wort. Er nickt. Und ich frage ihn, welche Wörter er schön fände. »Sonne«, sagt er nachdenklich, »Sterne, die Nacht, die Uhr.«

Er drückt die Zigarette aus und behält den Stumpen in der Hand. Nach einiger Zeit steckt er den Stumpen in sein Uhrtäschchen, schnell und auf eine überraschende Weise gewandt, als hätte er eine große Übung im Verbergen. Ohne es zu wollen, muß ich aber meine Aufmerksamkeit verraten haben, denn er wendet betreten den Kopf zur Seite, als er meinen Blick auffängt.

Ich: »Die Uhr ist ein schönes Wort. Vielleicht haben Sie Lust, darüber zu schreiben?«

Alexander: »Es gibt aber verschiedene Uhren.«

Ich: »Schreiben Sie über Ihre eigene Uhr.«

Er nimmt das Notizbuch, denkt nach, legt den Bleistift weg. »Da weiß ich AUCH nichts«, sagt er.

Ich: »Oder Die Sterne.«

Wieder nimmt er das Notizbuch, den Bleistift. Denkt nach. Legt den Bleistift weg. »Da weiß ich auch nichts«, sagt er wieder.

Ein Gewitter kommt auf, der Wind wird stärker und hinter den Bäumen ist der Himmel schon schwarz. Ich bemerke jetzt, wie müde er schon ist, und wir stehen auf und gehen zurück. Er trägt klein, und vom Leben MITGENOMMEN, die große Plastiktasche in der Hand. Die Haare nach rückwärts gekämmt. Den Unterkiefer vorgeschoben. Er geht mit gesenktem Kopf bis zum Anstaltsgebäude, ohne links und rechts zu schauen. Dort läutet er an der Tür, hinter der er eingesperrt ist, wartet, bis ein Pfleger sie öffnet und VERSCHWINDET dann in der Dunkelheit des Ganges. Ein Gedicht von ihm lautet:

Ein bisserl aufpaßen. und
langsam scheiden. So ist.
das möchte ich haben. Ja
so schneiden.

Literatur über Alexander
und Veröffentlichungen seiner Texte

1. Alexander Herbrich: Thesen und Tips. In: Protokolle. Wiener Halbjahresschrift für Literatur, bildende Kunst und Musik, hrsg. von Otto Breicha. Jugend & Volk, Wien-München 7 (1972)2, S. 7–8.

2. Alexander Herbrich: »Das Ewige Schreiben« u. a. In: Ver sacrum. Neue Hefte für Kunst und Literatur, hrsg. von Otto Breicha, Georg Eisler und Hilde Spiel. Jugend & Volk, Wien-München 6 (1974), S. 70.

3. Alexander Herbrich: »Meine Kindheit« u. a.; Vorbemerkung von Gerhard Roth. In: Manuskripte. Zeitschrift für Literatur, Kunst und Kritik, hrsg. von Alfred Kolleritsch und Günter Waldorf. Forum Stadtpark, Graz 16 (1976)54, S. 45–47.

4. Roger Cardinal: »Eine Abneigung zur Wirklichkeit«. Die lyrische Welt des Alexander Herbrich. In: Bibliotheca Psychiatrica, 154. Karger, Basel 1976, S. 126–133.

5. Gert F. Jonke und Leo Navratil (Hrsg.): Weltbilder – 49 Beschreibungen. Reihe Hanser, 54, München 1970, S. 20, 39, 56, 60, 67, 87.

6. Leo Navratil: Schizophrenie und Kunst. Ein Beitrag zur Psychologie des Gestaltens. dtv, München 1965, S. 43–49. Neudruck in Leo Navratil: Schizophrenie und Sprache – Schizophrenie und Kunst. dtv, München 1976, S. 203–209.

7. Leo Navratil: Schizophrenie und Sprache. Zur Psychologie der Dichtung. dtv, München 1966, S. 88–123, 124–157. Neudruck: ebd.

8. Leo Navratil: Der Himmel Elleno. Über psychopathologische Kunst. In: Protokolle 2 (1967), S. 168–86.

9. Leo Navratil: a und b leuchten im Klee. Psychopathologische Texte. Reihe Hanser, 68, München 1971, S. 119–32.

10. Leo Navratil: I. Psychopathologie, Kunst und Sprache; II. Zur Ausstellung. In: Otto Breicha (Hrsg.): Der Himmel Elleno. Zustandsgebundene Kunst. Zeichnungen und Malereien aus dem Niederösterreichischen Landeskrankenhaus für Psychiatrie und Neurologie Klosterneuburg. Katalog der Ausstellungen in Graz, Linz und Bregenz. Kulturhaus, Graz 1975, S. 33–39, 62, 68–69.

11. Leo Navratil: Zustandsspezifische sprachliche Kommunikation mit Schizophrenen. Bibliotheca Psychiatrica, 154. Karger, Basel 1976, S. 118–125.

FREUD

dtv Wörterbuch zur Psychologie

James Drever W.D.Fröhlich

ames Drever/
. D. Fröhlich:
v-Wörterbuch
r Psychologie
eutsche Erstausgabe
31

ans-Georg Gadamer
aul Vogler (Hrsg.):
eue Anthropologie
nd 5
ychologische
athropologie
/-Thieme
R 4073

an Delay /
erre Pichot:
edizinische
ychologie
/-Thieme
R 4086

Dietrich Langen:
Psychotherapie
Kompendium für
Studierende
und Ärzte
dtv-Thieme
WR 4063

Leo Navratil:
Über Schizophrenie und
Die Federzeichnungen
des Patienten O. T.
Originalausgabe
WR 4147

Leo Navratil:
Schizophrenie
und Sprache
Schizophrenie und Kunst
Originalausgabe
WR 4267

Margarete Mitscherlich:
Müssen wir hassen?
Über den Konflikt zwischen
innerer und äußerer
Realität
1147

Wolfgang Schmidbauer:
Psychotherapie
Ihr Weg von der Magie
zur Wissenschaft
1056

Erzählungen

Der rastlose Fluß
Geschichten
des Fin de Siècle

dtv

Dichter Europas
erzählen Kindern
46 neue Geschichten aus 17 Ländern

dtv